GUIA PARA COMPRAR

TU PRIMERA CASA

EN USA

Estrategias de un experto

Albert Garcia

Contenido♥

Introducción

¿Quién soy?

1. Por dónde empezar   p.19

¿Qué necesito hacer cuando quiero comprar una casa?

Para Comprar en efectivo

Comprar a Crédito

2. Comprar a Crédito   p.23

¿Y para comprar a crédito qué debo hacer?

¿Cómo se si califico para un préstamo? Las 4 Cs

Vi en las noticias que hay un programa de apoyo para compradores por primera vez. ¿Cómo puedo calificar usando ese programa?

¿Qué es el anticipo o depósito?

¿Qué es el enganche, pago inicial, entre o case?

¿Hasta cuánto préstamo califico?

¿Hasta cuánto valor de compra califico?

¿Hasta cuánto monto de mensualidad puedo pagar?

¿Por qué me están pidiendo dos estados de cuenta de mi banco para precalificarme?

¿Me conviene hacer el préstamo con el banco donde tengo mis cuentas? Ellos ya tienen toda mi información y seguramente hasta me van a dar un mejor interés porque soy cliente.

¿Qué es la precalificación de crédito?

¿Cuál es la diferencia entre una precalificación y una aprobación de préstamo?

¿Qué es un bróker, *lender* o prestamista?

¿Dónde consigo un oficial de préstamo?

¿Y cómo elijo a mi oficial de préstamo?

¿Qué documentos necesito para precalificar?

¿Qué dice la carta de precalificación?

Un oficial de préstamo me dijo que no califico, pero otro sí. ¿Puedo perder mi depósito?

3. La Tasa de interés p.54

Tengo dos cartas de precalificación, una tiene un interés más bajo, pero la otra tiene un monto de compra mayor. ¿Cuál me conviene más?

Me gusta la tasa de interés de esta carta, pero para la casa que quiero solo califico con la otra carta que tiene un monto más alto, ¿debo pagar una mayor tasa?

"¿Y cómo consigo un oficial de préstamo o banco que me garantice la mejor tasa? En realidad, no conozco a nadie y no tengo en quien confiar, pero no quiero comprar caro."

¿Cómo puedo conseguir la menor tasa de interés?

¿Qué son los puntos de descuento?

¿Por qué la tasa de interés que me ofrecen es más baja pero el dinero que me piden para cerrar es mayor?

¿Cómo se puede cometer fraude hipotecario al buscar conseguir una mejor tasa de interés?

¿Y cómo consigo una mejor tasa de interés sin pagar puntos?

4. Mi crédito p.72

Quiero una precalificación, pero no quiero que saquen mi crédito, ¿Qué hago?

Estoy arreglando mi crédito para poder comprar mi casa. ¿Cuánto tiempo necesito?

¿Cuál es un puntaje de crédito bueno para comprar casa?

¿Por qué el puntaje que sale en mi teléfono no lo usan los bancos?

¿Y cuál es mi puntaje medio de Transunion, Equifax y Experian?

Ya tengo un puntaje excelente, ¿qué más puedo hacer para tener el mejor préstamo?

¿Y qué afecta a mi reporte de crédito?

¿Qué tanto me ayuda comprar un auto a crédito para subir mi puntaje?

Quiero comprar o refinanciar mi casa, pero primero quiero arreglar mi crédito, ¿cuánto debo esperar?

¿Qué es FICO 10T y Vantage 4.0?

¿Cuáles son las 5 áreas que usa FICO para generar mi puntaje?

5. Grandes retos

p.92

Me cambié de trabajo recientemente, ¿cuánto tiempo debo esperar para poder comprar?

Me ofrecen un trabajo buenísimo, pero ya estoy a dos semanas de recibir mi casa, ¿puedo tomarlo?

Tengo otra casa a mi nombre, pero no vivo en ella y no tiene préstamo, ¿es mejor que no lo mencione?

Empecé un negocio el año pasado, pero aún no me da utilidades y vivo de mi empleo, de hecho, reporté perdida en mis impuestos, ¿lo debo decir?

¿Qué es la inspección y el avaluó?

6. FHA o Convencional?

p. 100

¿Voy a comprar mi primera casa, es un crédito FHA la mejor opción para mí?

¿Y por qué es tan recomendado el crédito FHA, si no es tan bueno?

¿Por qué me están diciendo que necesito un préstamo FHA para conseguir la casa que me gusta?

¿Si no es el FHA, entonces cuál es el mejor préstamo?

¿Cuál es el monto mínimo de dinero necesario para obtener un préstamo?

No me enredes con porcentajes Alberto, ¿cuánto dinero necesito?

¿Y cuál es el pago inicial que debería dar?

"No me enredes Alberto, dime ¿cuál es el mejor préstamo?"

¿Qué es un préstamo convencional?

¿Cómo sé si la tasa de interés que me ofrecen es buena?

Mi cuñado compró su casa al 2.5% en el 2020, ¿cómo puedo conseguir yo ese interés?

7. Refinanciar p.115

¿Qué es refinanciar mi préstamo?

¿Por qué debería refinanciar mi préstamo?, las tasas de interés no han bajado; están igual o más altas que mi préstamo actual.

¿Qué es consolidar mi deuda?

¿Qué es un HELOC?

8. ¿Cuál es el mejor banco?
p.120

¿Y cuál es el mejor banco?

Yo tengo muchos años con una cuenta en mi banco, ahí seguro me van a dar preferencia. Hasta tengo una tarjeta dorada preferencial con ellos ¿Por qué debería ver con otro banco o persona?

¿Si no es con mi banco, entonces quien podrá ayudarme?

¿Me conviene más hacer mi préstamo con un banco grande?

¿Yo no soy empleado, cual banco me conviene?

¿Cuánto necesito para el depósito de compra?

¿Y entonces cuánto necesito de pago inicial para comprar mi casa?

¿Qué son los costos de cierre?

¿Cuál banco tiene los costos de cierre más bajos?

¿Por qué el seguro de la casa es más alto en un banco, pero los impuestos son más bajos?

¿Qué es APR?

¿Entonces cuál es el costo final de mi compra?

¿Qué es la *escrow account* o cuenta de garantía?

¿Puedo conseguir un préstamo donde todas las opciones y conceptos de cobro sean mejores para mí?

9. ¿Hay préstamos si no tengo Social, empleo, taxes, etc.?
p.145

Yo no tengo social, ¿puedo conseguir un préstamo para comprar una casa?

¿Cuáles son los requisitos adicionales para comprar a crédito cuando no tengo social?

Yo no declaro todos mis ingresos, ¿puedo conseguir un préstamo?

Recomendación Final (¿o inicial?) p.154

Introducción

¿Vas a comprar tu casa por primera vez en Estados Unidos y no sabes por dónde empezar? ¿Tienes muchas dudas que quisieras consultar con un profesional, pero no quieres que te presionen para comprar? ¿Quieres invertir en bienes raíces, pero tienes miedo de aventurarte en un negocio que no conoces? ¿Has hecho algunas inversiones, pero las cosas no han salido como esperabas y deseas saber más?

Todos tenemos al menos una pregunta del proceso de compra de casa en Estados Unidos, sobre todo cuando vamos a comprar por primera vez. No tenemos alguien con experiencia a quien preguntarle. Si bien es cierto que nuestra familia y amigos tienen la mejor intención, el haber comprado una, dos, o cinco casas difícilmente los convierte en expertos.

Seamos sinceros: da miedo. Mucho miedo. Y no solo eso, a medida que preguntas y averiguas con distintas personas (incluso profesionales) te dan consejos opuestos entre ellos, lo cual te deja aún más confundido y con mayores temores.

En esta presentación voy a responder la mayoría de las preguntas de alguien que nunca ha comprado una casa. Conforme avances en la lectura vamos a tocar los temas cada vez con mayor detalle para quienes tienen preguntas más específicas o desean conocer el tema a fondo.

Sin embargo, el objetivo es responder las preguntas básicas primero para que quienes por cualquier motivo no desean conocer el tema a profundidad puedan detener la lectura en cuanto se sientan satisfechos con la información que han leído. De igual manera si la información que deseas recibir va más allá del proceso básico, es probable que quieras pasar directamente al capítulo específico o pregunta de tu interés.

Cada tema esta formulado como una pregunta especifica así que puedes brincar directamente a la pregunta o sección que te interesa sin tener que leer todo los capítulos o secciones anteriores. Esto te permitirá responder las dudas que tienes en menos de quince minutos... pero te van a surgir nuevas preguntas más profundas a medida que sepas más, esa es la naturaleza del conocimiento.

Sólo considera lo siguiente: nadie lo sabe todo y nadie tiene toda la información. El mundo está cambiando y lo que supiste o viviste ayer puede no ser válido hoy, así que, aunque ya tengas la respuesta a una pregunta que te encuentres en el camino te recomiendo que leas lo que aquí presento. Te puedes sorprender si la respuesta tiene una perspectiva diferente a la que tu tenías, o incluso puede ser diferente de lo que tu pensabas.

En realidad, gran parte de las preguntas y respuestas que vas a encontrar aquí tienen la finalidad de derribar MITOS e ideas equivocadas acerca de tu compra. Todos somos diferentes, así que lo que hayas escuchado en televisión o videos difícilmente va a aplicar completa y exactamente a tu caso.

Si eres de los que se brincan todos los capítulos para leer el final primero, bienvenido al principio de tu jornada de compra de tu casa, espero disfrutes esta lectura y respondas a la mayoría de tus preguntas. Después de leer el libro (incluyendo el final primero) seguramente vas a tener más preguntas y eso es muy bueno.

Si sigues pensando en que quieres saber en que termina este libro puedes pasar al final ahora mismo, espero que te guste y después de leerlo tengas más curiosidad por leer el resto. En parte he escrito el final con esa intención.

El préstamo hipotecario en Estados Unidos es como una receta médica: todos somos diferentes y no hay respuesta única para todos, así que ten cuidado en querer tener el préstamo "ideal" o "perfecto" antes de haber hecho una consulta personalizada sobre tu caso con un profesional calificado.

Durante la elaboración de este trabajo hice un experimento con inteligencia artificial (AI), haciéndole al programa algunas de las preguntas que voy a responder aquí. Como estudioso y entusiasta de las nuevas tecnologías, debo confesar que me sentí un poco decepcionado por los resultados, y eso me ha motivado a escribir este libro de forma completamente manual. He podido comprobar que la inteligencia artificial aun no es capaz responder de manera más o menos válida la mayoría de nuestras dudas cuando queremos comprar una casa.

¿Quién soy?

En 1999, fui invitado por un Gerente Regional del entonces banco Banamex a formar parte de un selecto grupo a nivel nacional de menos de 200 ejecutivos de crédito; oferta que finalmente rechacé para trabajar como subgerente regional de otra institución de crédito. Así empecé mi carrera en el sector financiero.

Desde entonces y durante los últimos 25 años he tomado todo tipo de cursos, los más recientes impartidos por el Massachussets Institute of Technology (MIT) en Estados Unidos, incluyendo Finanzas e Inteligencia Artificial. Actualmente tengo una Licencia Federal como originador de Hipotecas en Estados Unidos, si bien es cierto que las hipotecas son además reguladas, vigiladas y auditadas por cada Estado.

En el 2002 fui invitado por una cámara de comercio de la India a las reuniones de su sector con empresarios de América en Bombay y Ahmadabad, donde fui orador en representación del grupo Latinoamericano con el tema de la globalización comercial y financiera que estaba transformando al mundo por aquellos días.

Actualmente realizo investigaciones independientes sobre los tipos de préstamos hipotecarios, ya que hay tantas diferencias entre compradores que es imposible atender a todos los clientes con dos o tres tipos de préstamo. Mucho menos representando a un solo banco. Por eso tengo convenio con más de 200 instituciones de crédito hipotecario para poder conseguir las mejores opciones para mis clientes.

Algunos de los préstamos más comunes son el convencional, FHA, DSCR (*Debt Service Coverage Ratio*) para inversionistas residentes en USA o en otro país (¡así es, si no vives en Estados Unidos también puedes conseguir un préstamo para comprar un bien raíz en este país!), préstamo para 'no empleados' dentro del cual podemos mencionar varias estrategias para demostrar ingresos. Ejemplos: a) con estados de cuenta bancarios, b) con estados de pérdidas y ganancias (P&L en inglés), c) ingreso manifestado, d) uso de activos líquidos, e)1099, f) doce meses de ingresos y g)24 meses de ingresos. ¡Si recibes alguno de estos tipos de ingresos o te suena familiar es probable que califiques para un préstamo hipotecario en Estados Unidos!

También hay diferencias importantes entre los compradores con un numero de seguridad social (SSN) en Estados Unidos (residentes temporales con algún tipo de visa, residentes permanentes y ciudadanos) y aquellos compradores que no cuentan con este número, los cuales también pueden tener acceso a crédito hipotecario con un numero para pagar impuestos llamado ITIN.

La mayoría de los préstamos entran en alguno de estos grupos. En la práctica existen MILES de préstamos diferentes, ya que cada banco o empresa de préstamo tiene sus propias reglas, así que una persona puede no calificar con un banco, pero con otro sí. O dentro de un mismo banco puedes no calificar para un préstamo, pero para otro sí.

En este punto entra en juego la pericia y el conocimiento del experto financiero con quien estés trabajando. Puedes pensar en el mejor hospital del mundo, pero siempre el doctor que vea tu caso va a ser el factor #1 entre un caso de éxito o fracaso. Algo así pasa con los bancos, entre más grande es el banco, es más probable que haya menos doctores y más enfermeros.

Esto puede ser muy importante para ti si algún familiar o conocido te ha dicho que no calificas porque tu caso es igual al suyo, pero debes saber que NO hay dos casos iguales, y que si el hecho de que tu familiar o amigo no pudo conseguir su préstamo, eso no significa que tú tampoco puedes: un Oficial de Préstamo experimentado nunca te va a decir que no puedes comprar a crédito. Por el contrario, te va a decir *que* es lo que tienes que hacer para poder calificar en un futuro tal vez cercano.

Los bancos con los que tengo convenios realizan préstamos hipotecarios en todo el país, incluyendo Alaska, Hawaii, Puerto Rico y las Islas Vírgenes; recibo llamadas todos los días de todos los rincones del país (y también de inversionistas desde otros países) así que me puedes contactar de inmediato si estas listo para comprar tu casa y no sabes por dónde empezar.

1. Por dónde empezar

¿Qué necesito hacer cuando quiero comprar una casa?

Para Comprar en efectivo:

Si eres de los afortunados que cuentan con el capital para comprar la casa en efectivo, te recomiendo buscar un Agente de Bienes Raíces con experiencia para que te represente en la compra.

Puedes estar tentado a intentar la compra "dueño a dueño" para ahorrarte algunas comisiones, pero en tu primera casa es más conveniente que compres de la mano de un experto. Al final del día casi todos los gastos y las comisiones las paga el vendedor y lo que te puedes ahorrar por no usar un agente que te represente te puede causar grandes dolores de cabeza en el futuro.

Yo no soy agente de bienes raíces, pero con gusto te puedo recomendar alguno que trabaje en tu área ya que conozco agentes en casi todo el país, particularmente en Florida, Texas, Illinois y California.

Otra forma adicional de comprar con tranquilidad, sobre todo si no conoces a nadie de tu confianza que te asesore en la compra de tu primera casa o inversión inmobiliaria; es comprar con un préstamo hipotecario pequeño. Tu objetivo es tener la tranquilidad de que tu futura propiedad no tiene problemas ocultos, físicos y legales.

Al comprar con un crédito, el banco te va a llevar de la mano y hará todas estas revisiones por ti ya que, al estar el banco comprometido con su propio dinero, no va a permitir que adquieras una propiedad con algún problema legal o algún daño físico. Esto es importante ya que para la mayoría de nosotros -que no nos dedicamos a la revisión de las condiciones físicas y legales de propiedades- es imposible darnos cuenta de cada detalle sobre la condición de la propiedad que queremos comprar.

Si compras de contado, tu asesor de bienes raíces (quien te está ayudando a comprarla) te va a ayudar a conseguir un inspector quien por una cuota de unos cientos de dólares te va a poder decir las condiciones en que se encuentra la casa en sus aspectos más importantes como el techo, el drenaje y tuberías, las instalaciones de gas y aire acondicionado, pisos, la cimentación, la estructura y condiciones en general de la casa.

Comprar a crédito

Al comprar a crédito se paga una inspección adicional llamada avalúo (*appraisal* en inglés). Este avalúo es importante ya que te va a confirmar que el precio que estas pagando por la propiedad corresponde a su valor comercial real aproximado en el momento de tu compra. Esto te permite comprar con tranquilidad ya que estos inspectores trabajan para empresas independientes que no tienen ninguna relación con el vendedor de la casa ni los agentes de ventas.

Si decides tomar esta ruta de comprar con un crédito pequeño, te va a sobrar dinero para hacer algunas mejoras, modificaciones o amueblar la casa, y casi siempre puedes pagar ese crédito en uno o dos años sin penalidades. Cada crédito es diferente, pero pídelo y te será otorgado.

Por ejemplo, si quieres comprar una casa que vale 400 Mil dólares, y los tienes en efectivo, al comprar tu casa pagando 300 mil en efectivo y conseguir un crédito de 100 mil; de esta manera te sobran 100 mil para otros gastos o inversiones. Puedes contratar un crédito con plazo a pagar en 5, 15, 30 años o algún otro plazo cualquiera. El plazo para pagar sirve para dividir tus pagos mensuales en X cantidad de meses, pero puedes liquidar tu préstamo generalmente en un mínimo de ocho meses sin ningún tipo de penalidad; pero obtienes el beneficio de un flujo de caja adicional al usar esta estrategia en tu compra.

2. Comprar a crédito

¿Y para comprar a crédito qué debo hacer?

La mayoría de nosotros necesitamos comprar nuestra primera casa a crédito, por tanto, la prioridad del comprador de casa se convierte en conseguir el financiamiento más adecuado. También vas a necesitar un agente de bienes raíces, pero ese no es el primer paso para ti.

Cuando te brincas el primer paso de conseguir financiamiento, en ocasiones puede ser contraproducente ya que el agente de bienes raíces no puede hacer nada por ti si no tienes el financiamiento listo. Esto es doblemente peligroso ya que la mayoría de los agentes vendedores de casas te van a intentar dar asesoría financiera e incluso "precalificarte" para adquirir un préstamo hipotecario.

Ten mucho cuidado ya que la mayoría de los vendedores de casas no tienen licencia para hacer préstamos, ni para dar precalificaciones de crédito y muchas veces tampoco para dar recomendaciones financieras sobre tu compra. No es su papel ni su área de negocios, pero casi siempre caen en la tentación de intentar ayudarte en cualquiera de estas áreas.

Si comienzas a ver casas sin tener el financiamiento precalificado estarás perdiendo gran parte de tu tiempo y el del agente que te pueda estar acompañando; ya que es muy probable que cuando finalmente seas precalificado para un préstamo, si alguna casa que visitaste previamente te ha gustado, dicha casa muy probablemente ya se habrá vendido o estará en proceso de venta con otro comprador.

Recuerda, esto solo aplica si vas a necesitar un crédito para tu compra. Para compras en efectivo puedes ver casas y hacer ofertas de inmediato.

Es probable que algún agente acceda a mostrarte casas, tal vez para ganarse tu confianza o por cualquier otra razón. Lo importante es que sepas que, si no estas precalificado por un oficial de préstamos con licencia NO podrás recibir un crédito y deber tener mucho cuidado antes de firmar una oferta de compra con financiamiento pues si por algún motivo no llegas a calificar para el préstamo, puedes llegar a perder tu anticipo para la compra.

Una razón muy común para colocar una oferta de compra SIN estar precalificado es cuando cuentas con gran parte del dinero para la compra. Por ejemplo, si tienes dos cientos mil dólares y la casa cuesta 400 mil, se puede erróneamente creer que, al tener doscientos mil dólares, el 50% del precio de compra; cualquier banco te va a prestar la otra mitad. No funciona así. El pago inicial es solo uno de cuatro elementos básicos del préstamo.

Incontables veces he visto compradores perder su depósito por caer en esta trampa de la lógica, siempre con la mejor intención de parte del comprador, su agente de bienes raíces o cualquier otra persona involucrada.

También sucede que algún agente de bienes raíces, abogado o el oficial de préstamo que te están asistiendo con la compra te engañen y hagan creer que puedes perder tu depósito si no haces lo que ellos quieren y como ellos quieren. Por eso es muy importante que hagas tu compra con personas que realmente conozcas, referidos por algún conocido o, mejor aún, que te hayan demostrado ser personas de confianza. La confianza no se regala. Se gana.

¿Cómo sé si califico para un préstamo? Las 4 C's

Para calificarte a un préstamo hipotecario en Estados Unidos se utilizan las "4 C's":

Crédito: Tu puntaje y perfil crediticio.

Capital: El dinero que tienes para la compra de la casa. También es importante que informes si tienes dinero adicional, aunque no vayas a usarlo para la compra de la casa ya que tu perfil como comprador mejora.

No tengas miedo de darle esta información a tu oficial de préstamos, recuerda que si es alguien de confianza no intentará exprimirte al máximo; por eso es importante que sea de confianza.

Tu agente de bienes raíces muy probablemente te pida esta información para saber si tienes capacidad de compra, pero todos tus datos financieros no los tienes que compartir con el agente de ventas si no lo deseas. Al hacerlo en realidad te estás brincando pasos y no llegas muy lejos.

Capacidad de pago: Tu ingreso durante los dos últimos años, por empleo, negocio, rentas, seguro social, pensión y cualquier otro que puedas tener es importante que lo manifiestes al oficial de préstamo que te va a ayudar ya que si te guardas información porque crees o alguien te dijo que ese ingreso no te sirve o no lo puedes usar, estarás menguando tus probabilidades de obtener tu préstamo. No te guardes información.

Casa: El valor de la propiedad que vas a comprar, determinado por un profesional en avalúos enviado por el banco, pero pagado por ti.

Al responder las preguntas siguientes vamos a estar tocando cada uno de estos temas. Todos los préstamos se aprueban una vez que todas las condiciones requeridas son cumplidas, las cuales corresponden a una de las cuatro C's. Considera que TODAS las condiciones se deben cumplir para que tu préstamo sea aprobado. No puedes cumplir un requisito y pensar que es suficiente para calificar.

Vi en las noticias que hay un programa de apoyo para compradores por primera vez. ¿Cómo puedo calificar usando ese programa?

Como ya dijimos en la pregunta anterior, se necesitan cumplir todas las condiciones requeridas con base en las 4 C's del crédito. El capital es solo una de ellas y eso es lo que hacen estos programas: poner un capital para la compra de tu casa. Para poder calificar para un préstamo hipotecario no es suficiente con ser aprobado para un programa de apoyo para compradores; tu perfil crediticio, tu capacidad de pago (empleo) y la casa que deseas comprar deben calificar.

Así que contar con un programa de apoyo para compra de casa no te califica automáticamente para un préstamo ni te facilita el proceso de compra. Por el contrario, debes cumplir requisitos adicionales para calificar para el programa de apoyo.

Este programa de apoyo solamente es dinero adicional para tu pago inicial. Actualmente no existen programas de apoyo que otorguen todas las condiciones para calificar al préstamo, es decir, para compradores que no cuenten con el ingreso suficiente para hacer sus pagos mensuales o que tengan un puntaje o perfil de crédito que los descalifique como compradores.

¿Qué es el anticipo o depósito?

Al colocar una oferta por una casa que deseas comprar, el vendedor o su agente te van a pedir que deposites una cantidad de dinero en una cuenta 'neutral' (en promedio el 1% del valor de la compra) para formalizar el trato. Si por algún motivo no acordado o permitido en el contrato de compra-venta decides cancelar la compra, puedes llegar a perder tu anticipo.

Cambiar de opinión puede ser un motivo injustificado de cancelación de la oferta y perderías tu anticipo. En algunas ocasiones el no conseguir financiamiento en cierto tiempo también te puede llevar a perder ese anticipo, por eso es importante que antes de ver casas y antes de colocar ofertas por escrito, estés debidamente precalificado, no por tu primo o por un agente de bienes raíces sino por un oficial de préstamo con licencia vigente.

No temas dar un anticipo para tu compra, hay exclusiones y motivos legítimos para que te sea devuelto de inmediato y normalmente no tendrás ningún problema en recibir de vuelta el dinero de tu depósito si es lo conveniente para ti. Solo debes estar muy bien informado de las condiciones del contrato, el cual te recomiendo leer personalmente y con atención. Tu agente de bienes raíces es la persona indicada para resolver todas tus dudas al respecto de este contrato. Una razón más para trabajar con un agente que te represente. Este anticipo se toma en cuenta como parte de tu enganche, pago inicial, entre o case; el cual pagas el día que se cierra el trato y recibes las llaves de tu nueva casa.

¿Qué es el enganche, pago inicial, entre o case?

Es el monto inicial de dinero que debes pagar para la compra de tu casa. Se expresa como un porcentaje del valor de compra de la casa y aunque todos los casos son diferentes, normalmente va del 3% al 20% del valor de compra de la casa. En el capítulo 6 tocaremos este tema más a fondo. Si no resistes las ganas de saber de qué se trata puedes brincar directamente a dicho capitulo como te prometí que podrías hacerlo.

¿Hasta cuánto préstamo califico?

No hay fórmula única para obtener esta cifra. La buena noticia es que tu gerente de préstamo lo va a calcular por ti. Los agentes de ventas no tienen las herramientas para hacer este cálculo y tampoco lo debes intentar hacer tú ya que todos los prestamos son diferentes, nuestras fuentes de ingreso y nuestras deudas son diferentes (únicas). No temas.

Tu gerente de préstamos tiene las respuestas específicas para tu caso. Si estas listo para comprar y deseas saber la respuesta específica para tu caso me puedes contactar en cualquier momento. La consulta no tiene precio (es de gran valor para ti, pero conmigo es gratis).

¿Hasta cuánto valor de compra califico?

Esta pregunta se parece a la anterior pero no es lo mismo, el valor de compra es el monto del préstamo que califiques más el dinero que vas a poner para el pago inicial. Es muy diferente un crédito de doscientos mil dólares más un pago inicial de ocho mil, que un crédito de doscientos mil (mismo valor del préstamo) más un pago inicial de cien mil. Tu gerente de préstamo también te va a calcular este valor. Ten cuidado si el vendedor de casas te da un valor cuando estás comprando a crédito, no es su papel ni está legalmente autorizado para determinar montos de préstamo para ti.

¿Hasta qué monto de mensualidad puedo pagar?

Respuesta única para tu caso. Se que no te gusta la respuesta sobre no intentar calcular este número por ti mismo o con tu agente de ventas así que al menos te voy a confirmar lo que sospechas: Tu ingreso y tus deudas se usan para calcularlo. ¿Pero tu ingreso antes de impuestos o después de impuestos? ¿Y si no reportas impuestos? ¿Y si tienes deudas médicas o estudiantiles? ¿Y si tienes un auto a crédito a tu nombre, pero no lo pagas tú? ¿Y si tuviste 5 empleos en el último año? ¿Y si cambiaste de empleo? (también puedes calificar) ¿Y si recibiste una forma 1099 y una W2 en el último año, pero además recibes pensión alimenticia, tu hijo mayor tiene 16 años y el segundo 3?

Todos los casos somos diferentes, las combinaciones y las respuestas son ilimitadas. No intentes responder esta pregunta con uno o dos datos, nadie puede hacerlo. Si un agente de venta de casas o un financiero te da una respuesta con un par de datos sin pedirte toda esta información sal huyendo de ahí, su respuesta no sirve y puedes perder dinero y ganar muchos dolores de cabeza en el camino.

¿Por qué me están pidiendo dos estados de cuenta de mi banco para precalificarme?

Por ley. Las empresas que hacen préstamos hipotecarios están obligadas a demostrar el origen legítimo del dinero usado para la compra de bienes raíces. Esto se hace con los dos estados de cuenta más recientes emitidos por el banco. Ha habido casos donde el oficial de préstamo no tiene la pericia de pedir estos dos documentos y el préstamo no se ha aprobado por un error tan básico. Cuidado. Te pueden rechazar el préstamo a última hora y puedes perder tu depósito.

¿Me conviene hacer el préstamo con el banco donde tengo mis cuentas? Ellos ya tienen toda mi información y seguramente hasta me van a dar un mejor interés porque soy cliente.

Es una idea común pensar que como ya tenemos cuenta en un banco ellos ya tienen toda nuestra información y el proceso será más fácil. La verdad es que no. Todos los bancos, instituciones y personas que hacen préstamos necesitan tu información actualizada, no solo tus estados de cuenta. Los estados de cuenta bancarios son solo uno de los muchos requisitos y condiciones que deberás cubrir para que tu préstamo sea aprobado.

Si bien es cierto que algunos bancos te pueden dar una carta de precalificación en minutos, como su nombre lo indica, eso no significa que el préstamo fue aprobado. Con cualquier préstamo te van a requerir cumplir prácticamente las mismas condiciones y a menudo los grandes bancos son más estrictos y tienen menos opciones para aprobar tu préstamo.

Es decir, al final del día puede ser contraproducente para ti hacer tu hipoteca con un gran banco por el solo hecho de que tienes cuenta con ellos. En realidad, eso no es una ventaja. En el gran banco no podrás explicar tu caso a un gerente con poder de decisión que quiera escucharte. En cambio, si trabajas con un gerente de préstamos independiente (como yo y muchos otros) vas a tener muchas más opciones y posibilidades.

¿Qué es la precalificación de crédito?

Antes de empezar a ver casas debes saber hasta que monto de compra puedes aspirar. Esto te lo dice el documento llamado carta de precalificación, el cual es emitido por un oficial o gerente de préstamo hipotecario con licencia para emitir dicha carta.

Es muy común que algún agente de bienes raíces que contactes te recomiende con el oficial de préstamos de su confianza. El gerente de préstamo es la clave para que puedas comprar tu casa a crédito con éxito.

Tu agente de bienes raíces te puede hacer algunas preguntas y pedirte documentación sobre tu situación financiera para ayudar en tu precalificación. Por eso es importante que sepas que esa información que des al agente de bienes raíces tendrá que ser reenviada al oficial de préstamo ya que los agentes de bienes raíces no están encargados de precalificar, pero tienen todo el interés de ayudarte a que puedas comprar lo más pronto posible.

Para algunos compradores este "doble proceso" puede ser confuso, molesto o engorroso; razón adicional para no brincarte el paso y PRIMERO buscar tu precalificación con un gerente de préstamo.

Tocar la puerta a un agente de bienes raíces con una precalificación en la mano te va a ahorrar tiempo en el proceso y ese agente te lo agradecerá. ¡Serás su cliente ideal!

También debes tomar en cuenta que en gran medida la precalificación que recibas será tan buena como el gerente de préstamos que te atienda. Por ello es importante que ese gerente de préstamo se gane toda tu confianza.

Las precalificaciones exprés en minutos difícilmente son de valor. Son muy peligrosas ya que tu documentación e información no han sido debidamente analizadas. Estos análisis no los puede hacer un sistema por internet en minutos, sobre todo cuando tu caso es complejo y tienes varias fuentes de ingresos y varias deudas presentes o pasadas asociadas a tu número de seguro social o a tu ITIN.

¿Cuál es la diferencia entre una precalificación y una aprobación de préstamo?

Es muy importante que sepas que una carta de precalificación puede ser muy buena o totalmente inútil dependiendo del tiempo y seriedad que se haya tomado el sistema o persona en revisar tu información y documentos.

Los grandes bancos son particularmente rápidos para generar cartas de precalificación porque confían en que la información que les has proveído reúne los requisitos para ser usada. Y porque te quieren entusiasmar y enganchar para que hagas el préstamo con ellos ya que su proceso parece simple, incluso automatizado. Las apariencias engañan.

Lamentablemente cuando ya pusiste una oferta por una casa (y depositaste dinero) pueden ser igualmente rápidos para NEGARTE el préstamo si encuentran algo que no les gusta. Y lamentablemente, aunque te quejes, ellos no van a tomar ningún tipo de responsabilidad ya que, como su nombre lo indica, ellos solo te dieron una precalificación.

En ningún momento dijeron calificado. Nadie califica con un 100% de certeza antes de haber revisado todo.

La aprobación del préstamo en todos los casos solo viene DESPUES de que las 4 Cs del préstamo (crédito, capital, capacidad de pago y casa) han sido revisadas, las condiciones cumplidas y todos los requisitos entregados. Esto en general sucede 30 días DESPUES de que estás bajo contrato para la compra de una casa. No antes de que entres en ese contrato.

Por eso yo siempre recomiendo hacer tu préstamo con un gerente de préstamos independiente. Un oficial o gerente de préstamo independiente no va a arriesgar su prestigio al darte una carta de precalificación sin revisar todos tus documentos y la información que proporcionaste. Debes tener claro que un oficial de préstamos no es lo mismo que un bróker ni un "*lender*" o prestamista.

¿Qué es un bróker, "*lender*" o prestamista?

En ocasiones se utilizan estos términos como si fuera lo mismo. No lo son y es importante que conozcas la diferencia entre estos términos para que entiendas con quien estás haciendo tu préstamo y cuáles son las implicaciones.

Broker es una empresa que reúne a varios oficiales o gerentes de préstamo que se dedican a revisar tu información y documentación para entregarla a instituciones financieras y buscar la opción más conveniente para ti. Se puede tener la idea errónea que un bróker es un intermediario y por tanto te convendrá más ir con un banco directamente. No funciona así.

Existen instituciones de préstamo que solo trabajan con bróker (y con sus oficiales de préstamo) y no hay otra forma de solicitar un préstamo directamente con ellos. Algunas instituciones trabajan con sus propios oficiales de préstamo y también con bróker, pero el costo final para el cliente es el mismo. Es decir, no hay diferencia a través de quien hagas tu préstamo. Ya sea a través de un bróker o con un oficial interno de esa institución, el costo de tu préstamo no cambia. Pero si decides trabajar directamente con un banco y "brincarte" al bróker estarás perdiendo la posibilidad de que ese bróker compare por ti el préstamo de ese banco con otros más, en mi caso tengo más de 200 opciones para comparar y encontrar la mejor para ti.

Lender. Esta palabra que traduce como prestamista no tiene en inglés el significado de "persona que hace préstamos". Un banco que hace prestamos es un *lender*. Legalmente un *lender* en Estados Unidos es una institución que realiza préstamos. Un bróker y un oficial de préstamo trabajan con múltiples instituciones de crédito o *lenders*. Entonces por definición un bróker y un oficial de préstamo no son *lenders* desde el punto de vista legal y práctico.

Algunas personas, sobre todo profesionales que se dedican a los bienes raíces, quieren saber el nombre de la institución bancaria que va a realizar el préstamo, con el objetivo de tener una buena o mala opinión al respecto si es que han tenido algún tipo de experiencia con esa empresa. La verdad es que el haber tenido una buena o mala experiencia a nivel consumidor con una empresa de hipotecas no es un buen parámetro para tomar una decisión a favor o en contra de esa institución.

Puedo asegurarte que al menos el 50% de tu experiencia (en algunos casos mucho más) en tu hipoteca va a depender del gerente de hipotecas y su equipo de trabajo.

En mi experiencia profesional he tenido oportunidad de trabajar y conocer a fondo diferentes industrias y sus estándares de calidad. Te puedo decir con un profundo conocimiento de causa que las hipotecas tienen un proceso sumamente artesanal a nivel consumidor. Es decir, por más sistemas de calidad y procesos definidos que tenga la empresa donde hagas tu hipoteca, tu experiencia personal y tu resultado va a depender enormemente del gerente de hipotecas con el cual trabajes.

Así que no tomes a la ligera la elección de tu gerente de hipotecas, esta decisión va a ser mucho más importante para ti que elegir una empresa de renombre o conocida para realizar tu hipoteca.

Prestamista. Ocasionalmente al oficial de préstamo se le llama prestamista. Si traducimos prestamista como *lender*, un oficial de préstamo no es un *lender*. El bróker y el oficial de préstamo tienen la posibilidad de trabajar con múltiples *lenders* o empresas de hipotecas; y los *lenders* o empresas de hipotecas tienen un número limitado de opciones; mientras que el bróker y el oficial de préstamo tienen posibilidad de usar múltiples empresas prestamistas, por lo que tienen la mayor cantidad de opciones para el cliente. Contrariamente a lo que se puede creer, buscar tu hipoteca con un banco famoso te va a dar el menor número de opciones en la mayoría de los casos.

¿Dónde consigo un oficial o gerente de préstamo?

El oficial de préstamo/especialista hipotecario/asesor hipotecario/bróker/gerente de hipotecas.

Tienes dos opciones: Aun la mayoría de los bancos tienen un área de préstamos hipotecarios, así que puedes acercarte a tu banco en persona, vía telefónica o por internet e iniciar el proceso de precalificación. Ellos te dirán la documentación que necesitas.

Es importante que sepas que los bancos grandes solo hacen las precalificaciones de crédito por internet o teléfono, así que al ir a una sucursal solo te darán el teléfono al cual llamar o el sitio web para comenzar tu proceso, este tipo de procesos normalmente no se hacen en persona.

Si prefieres hacerlo en persona puedes preferir una unión de crédito local o un agente hipotecario independiente cercano a tu domicilio. Pero es importante que sepas que no se requiere ninguna entrevista en persona para poder calificar para el crédito hipotecario. Por el contrario, estas entrevistas en persona entorpecen un poco el proceso ya que implican tiempo de traslado para ti y que la persona que te va a entrevistar tenga el tiempo libre para ti.

Una entrevista en persona tiene poca o ninguna influencia en ningún sentido sobre tu precalificación final para el préstamo.

Hay personas que quieren conocer la oficina del banco que les va a prestar porque eso les da más confianza. Considera que estás pidiendo dinero prestado. Si alguien debería interesarse por conocer a la persona que le van a prestar dinero es al banco. Pero no es así. En el préstamo hipotecario todos tus documentos hablan por ti, y la mayoría de ellos se verifican vía electrónica.

Te sorprendería saber la cantidad de información que se verifica sin que tú te enteres cuando pides un préstamo hipotecario. Todo este proceso esta vigilado y dirigido por autoridades federales y estatales. Al mismo tiempo, toda la información que provees es confidencial y no se comparte con ninguna dependencia o empresa que no esté directamente relacionada al préstamo.

Toma en cuenta que tu banco normalmente solo tiene una o dos opciones de préstamo para ti, por lo que si no cumples sus requisitos te van a negar el préstamo y eso desanima bastante.

Tu segunda opción es un oficial de préstamo independiente, a veces llamado bróker, *lender* o prestamista (no es lo mismo, pero comúnmente se les llama igual). El oficial de préstamo tiene cientos de opciones para poder servir a diferentes perfiles de comprador.

Puedes buscar en www.brokersarebetter.com ahí aparecen una gran cantidad de opciones cerca de ti, donde puedes incluso tener consultas en persona con el que tu elijas. Yo tengo contacto con instituciones financieras que te podrían hacer una hipoteca en todo Estados Unidos y sus territorios.

¿Y cómo elijo a mi oficial o gerente de préstamo?

Todos los oficiales de préstamo son únicos. Como cualquier otro prestador de servicio, es importante que trabajes con uno que se gane tu confianza a través de responder tus preguntas con seguridad, conocimiento y el poder ofrecerte el préstamo que tu necesitas.

Aunque el oficial de préstamo que contactes pertenezca a una empresa que conozcas o si encuentras referencias muy buenas o malas de dicha empresa; no olvides que tu préstamo será en la mayoría de los casos manejado personalmente por ese oficial que hable contigo así que la confianza que te inspire personalmente debe prevalecer sobre opiniones de terceros.

Es como ir a un hospital y atenderte con cualquier médico que aparezca. Nadie hacemos eso, tratamos de conseguir al mejor (para nosotros) en todos los casos. Nunca vamos a un hospital (así sea de prestigio) y nos atendemos con la primera persona que aparece.

Puedes preferir trabajar con alguien que te sea referido por algún conocido o familiar, solo toma en cuenta que como compradores todos somos diferentes y los requisitos que te soliciten a ti probablemente no sean los mismos que le pidieron a esa persona. Tu caso y tu experiencia de compra puede ser más fácil o más difícil que la de la persona que te ha recomendado.

¿Qué documentos necesito para precalificar?

Cada préstamo es único, así que no te extrañe si te piden documentos que no le pidieron a tu tía o a tu compadre. Pero invariablemente vas a necesitar una identificación vigente (no necesariamente de Estados Unidos, pero tiene que estar vigente) y por ley Federal, dos estados de cuenta o extractos bancarios recientes de tu(s) cuenta(s) de depósito de donde vas a disponer de fondos para hacer el enganche o pago inicial para la casa.

Hoy en día TODOS los documentos se procesan y archivan electrónicamente, así que solamente tu identificación deberá ser presentada en físico al momento de firmar los documentos de tu nueva casa y recibir las llaves. El resto de los documentos son electrónicos y también puede incluir talones de pago de nómina o depósito directo, tarjeta de seguro social (SSN), visa o tarjeta de residencia permanente, documentos de divorcio, manutención (*alimony y/o child support*), estados de cuenta de hipotecas actuales o anteriores, W2, declaraciones anuales de impuestos, 1099s; por nombrar algunos.

Algunos documentos son aceptables si fueron escaneados incluso con aplicaciones de teléfonos celulares, pero otros son

Solo debes estar consciente que cada caso es diferente y debes estar listo para dar ese paso extra en la búsqueda de tu nueva casa.

Después de realizar tu primera consulta debes entregar tu documentación para poder recibir una carta de precalificación.

¿Qué dice la carta de precalificación?

En pocas palabras es el monto de compra que puedes usar para ver casas. NO significa que tienes que usar ese monto. Ejemplo: puedes recibir una carta de precalificación por 500 mil dólares. Con esa precalificación puedes comprar una casa de HASTA quinientos mil dólares, pero tal vez la que te guste vale 200 mil y esa es tu decisión. No sientas que te quieren obligar a gastar más, pero siempre es bueno saber tu presupuesto, sobre todo cuando hay un préstamo de por medio.

La verdad es que en el día a día casi siempre se gasta el máximo limite al que calificamos, lo cual no es malo ni bueno. Es tu decisión. Nadie en el banco o en el sistema de hipotecas quiere que te endeudes de más y el gobierno no permite que te presten un monto que no puedas pagar. La crisis hipotecaria del 2008 ha generado cambios enormes en el sistema de aprobación de créditos hipotecarios en Estados Unidos y puedes adquirir un crédito hipotecario para tu residencia principal o secundaria con CUALQUIER banco que elijas sin miedo.

Un oficial de préstamo me dijo que no califico, pero otro sí. ¿Puedo perder mi depósito?

¡SI!, Super importante, puedes perder dinero. En mi experiencia propia tengo incontables historias de personas que después de consultar conmigo, encuentran una "mejor opción" con alguien más, colocan ofertas de casas, pagan su 1% de depósito... y lo pierden. En una casa de 300 mil dólares perderías unos 3 mil dólares, más otros mil de avalúo e inspección, ya no hablemos de la desmoralización y el dolor de vivir esta experiencia. ¿Qué pasa? Esa precalificación donde alguien te dijo que no, pero el otro dice que si, es una alerta roja gigante, ya que es muy probable que quien te pre-aprueba (y te pone muy feliz) no vio algo en tu expediente que te "descalifica" en ese momento. Pero al final la verdad sale a flote. Cuando tu caso entra a análisis al banco para aprobación final, ahí aparece TODO (lamentablemente no antes). No hay excepciones, no hay compadre, amigo o familiar que te salve de las reglas de préstamo hipotecario en Estados Unidos. Las reglas generales, ya dijimos, son las mismas para todos y son a nivel Federal. Así que ten mucha precaución si decides colocar una oferta y tu dinero en la compra de una casa cuando un analista te ha dicho que no calificas. Te recomiendo que le lleves esa precalificación favorable al que te dijo que no. Si tiene una falla y efectivamente no calificas te va a quedar claro, pues ese que te dijo que no, ya la sabe (el otro no).

Si la precalificación es válida será muy difícil que quien te negó el préstamo pueda convencerte de que no lo es. Sigue tu instinto. La sinceridad y el conocimiento se huelen a distancia. También la mentira en muchos casos.

3. La tasa de interés

Esta es la primera pregunta, a veces la única que los futuros compradores se hacen cuando quieren conseguir un préstamo para su casa: ¿Cuál es el interés?

Existe la falsa teoría, casi de conspiración; que lo que necesitamos de un préstamo es la tasa de interés más baja. Falso.

Totalmente falso.

Esta es la herramienta más evidente de venta de los bancos porque con ese número mágico llamado "tasa de interés" te enredan en un préstamo costoso.

Lo que todos queremos es pagar menos. Menos dinero a la firma de la compra y menos dinero mes a mes. Es cierto que la tasa de interés influye en tu pago mensual, pero no es lo único. Un préstamo es mucho más que una tasa de interés atractiva. La tasa de interés es el gancho, el anzuelo, la carnada para atraparte. Ten mucho cuidado con esta pregunta.

Tengo dos cartas de precalificación, una tiene un interés más bajo, pero la otra tiene un monto de compra mayor. ¿Cuál me conviene más?

Ninguna es mejor o peor. En realidad, no deberías basar tu decisión en la tasa de interés de la carta ni en el monto aprobado. Vamos por partes. La tasa de interés de tu préstamo casi NUNCA será la que aparece en tu carta. Junto a la tasa de interés puedes ver las infames letras chiquitas donde dice que la tasa no está contratada y puede cambiar. Lo cual va a pasar.

En este punto puedes pensar que de todas formas si tu tasa final va a subir o bajar para una carta, también para la otra. No funciona así. La tasa de interés que pusieron en la carta tal vez estaba vigente en ese momento y aquella que te dieron más baja al principio podría ser más alta al final.

También es posible que una persona o institución te diga o coloque una tasa de interés que sabe que te va a gustar, pero en realidad no están obligados a respetarla al final si así lo indican en las letras chiquitas que tú no lees. Lo que te recomiendo es que, si te sientes más atraído por cerrar el negocio con la persona que te dio la tasa más alta en su carta o por teléfono, se lo comentes y él o ella te va a dar opciones; pero también debes saber que no es un "estira y afloja" donde vas a regatear la tasa de interés. Tampoco funciona así. Un gerente de hipotecas experimentado te va a dar opciones. Uno con poca experiencia (y otros con poca ética) te van a dar una tasa de interés menor, pero te pueden aumentar el costo del préstamo en otra sección sin que te des cuenta. Los gerentes de hipotecas poco experimentado no controlan sus préstamos completamente, sino que van con un superior para que les ayude y es ese superior quien maquilla los números para que la tasa de interés sea menor, pero no el costo para ti. Así que ese gerente de préstamos puede actuar de buena fe y con todo y eso podrías estar entrando en un negocio poco benéfico para ti. El no lo sabe, tú tampoco. Alguien más en el banco tiene una sonrisita por uno más que ha caído.

Me gusta la tasa de interés de esta carta, pero para la casa que quiero solo califico con la otra carta que tiene un monto más alto, ¿debo pagar una mayor tasa?

Esta pregunta es una continuación de la anterior. Primero: recuerda que la tasa de interés de las cartas no es la final, no significa mucho. Segundo: Las reglas que usan los bancos (todos) para calificarte son las mismas en general. En particular, cada uno tiene sus propias reglas internas adicionales a las generales. Puede ser esta razón que está reduciendo tu capacidad de compra, y tendemos a pensar que este es el motivo para una mayor calificación con uno y el otro no.

Pero también hay otras razones. De varias que podemos mencionar, una muy importante es que los dos oficiales de préstamo no hayan tomado la misma información para hacer sus análisis. Esto no es necesariamente un error, y al final del día no se trata de ver quien tuvo la culpa o quien se equivocó. Se trata de comprar tu casa. En resumen: si la tasa de interés o el monto preaprobado no te gustan, pero ese banco o persona te convence más que la otra; coméntale tus inquietudes a esa persona en la que más confías y muy probablemente te va a dar una solución que te va a dejar conforme. Y si no lo hace ya sabes que hacer. Pero no te guardes inquietudes. Tu pecho no es bodega.

"¿Y cómo consigo un oficial de préstamo o banco que me garantice la mejor tasa? En realidad, no conozco a nadie y no tengo en quien confiar, pero no quiero comprar caro."

Aquí si te tengo una buena noticia: En préstamos hipotecarios para hogares, ningún oficial de préstamo, ya sea de un banco o bróker va a recibir un solo centavo extra por cobrarte una mayor tasa de interés. De hecho, los bancos compiten todo el tiempo por la menor tasa de interés posible que les permita atraer la mayor cantidad de clientes. Es decir, las tasas de interés competitivas es un fenómeno "natural" y normalmente los bancos con el mayor prestigio (y a veces los que tienen un mejor servicio) son los que te van a dar una tasa de interés ligeramente más alta.

No pueden distanciarse demasiado de sus competidores porque se quedarían fuera de mercado, pero el hecho de tener una marca en el mercado y un prestigio les permite darse el lujo de cobrar tasas un poco mayores pues los clientes confiamos más en marcas que conocemos.

Con los bancos es igual, pero ten cuidado porque esos comerciales millonarios de los grandes bancos (cinco o seis en Estados Unidos que ya sabes cuales son) los pagamos los clientes, por ejemplo, a través de tasas de interés mayores. Por eso es común que un oficial de préstamo independiente tendrá opciones más económicas para ti.

Mas de una vez he escuchado a varios ejecutivos bancarios decir que en promedio los grandes bancos cobran nueve mil dólares adicionales por un préstamo hipotecario en Estados Unidos, comparado con un bróker o gerente de préstamo independiente. Yo no lo he comprobado personalmente, pero cada vez que veo un edificio gigante de espejos o un estadio con el nombre de un banco me pregunto: ¿de dónde sacan dinero para pagar todo eso?

¿cómo puedo conseguir la menor tasa de interés?

Tal vez esta sea la pregunta más importante que tenemos cuando queremos comprar casa. El principal objetivo cuando vamos a elegir a quien le pedimos prestado. Por muchos años los grandes bancos, acreedores y uniones de crédito han usado la tasa de interés como gancho para conseguir clientes.

Han hecho un excelente trabajo de ventas, pues en más de 20 años que inicié en el mundo del crédito, nunca he tenido un solo cliente que no se impresione con una "buena" tasa de interés. La tasa de interés nos deslumbra y no nos deja ver el verdadero costo de un crédito. La verdad es que muchas veces nos venden espejismos.

Te tengo una buena noticia (y sé que muchos profesionales de bienes raíces y financieros no estarán de acuerdo, pero lo que es, es): para el mismo préstamo la mayoría de los bancos, analistas, ejecutivos que son tus amigos o familiares, prestamistas, uniones de crédito y brókers te van a ofrecer prácticamente el mismo costo; aun y cuando la tasa de interés sea diferente en dos propuestas.

Es un truco. A veces inconsciente. Muchas veces incluso tu oficial de préstamo "compra" el truco. Dicen que los magos no revelan sus trucos. Pero la compra de tu casa no debe ser un truco de magia. Es tu futuro y te voy a contar en donde buscar los números para que tomes la mejor decisión.

Debo aclarar, los oficiales de préstamo y los agentes casi nunca ven estos números, pues todos (me incluyo) casi siempre caemos en la tentación de una 'bonita' tasa de interés. Yo también caí, fue así que descubrí el secreto que estoy a punto de revelarte.

La forma más común de "mejorarte" la tasa de interés es a través de los llamados puntos de descuento o *"discount points"* en inglés. Este no es un secreto.

¿Qué son los puntos de descuento?

Forman parte de los infames costos de cierre. No aplican para todos los préstamos y, en teoría, tú decides pagarlos. Es dinero que pagas para obtener una mejor tasa de interés. Es decir: te venden una menor tasa. Debes tener mucho cuidado si alguien te ofrece "mejorar" la tasa. Casi siempre simplemente te la van a vender y tal vez pienses que hiciste un excelente negocio cuando simplemente compraste un producto: la tasa de interés.

A veces nos cuesta trabajo ver al dinero como un producto que se compra y se vende, pero es así de simple. Por eso existe el mercado de divisas, mercado de valores, mercados financieros: ¡el dinero se compra y se vende!

Para saber si te están vendiendo una "excelente" tasa de interés solo tienes que buscar en la segunda página del documento llamado *"loan estimate"* o presupuesto de préstamo. Si encuentras una línea llamada *"discount points"*, el monto de esa línea es el dinero que normalmente estas pagando TU de TU bolsillo por esa "excelente" tasa de interés. Hay otros conceptos que ocultan la compra de una tasa de interés, pero los puntos de descuento es la más común. Es así mi estimado amigo, no hiciste una excelente negociación, no te hicieron un descuento. Ese conocido tuyo que parece que hizo una excepción o te hizo un favor porque eres especial no te contó la historia completa.

Simplemente compraste una tasa de interés. Esto no es malo. Si la puedes pagar y estás dispuesto a ello, es bueno. Yo ofrezco a mis clientes una mejor tasa de interés, pero les soy totalmente honesto y transparente como lo soy ahora contigo: la "mejor" tasa de interés casi siempre se compra. Ese puede ser un secreto para ti si la persona que te asesora no te lo ha explicado abiertamente.

Es muy común que un banco u oficial de préstamo se "robe" un cliente a través de mejorar la tasa de interés; esta práctica no es muy ética si no te explican la forma en que te están mejorando dicha tasa.

¿Por qué la tasa de interés que me ofrecen es más baja pero el dinero que me piden para cerrar es mayor?

Si te estás haciendo esta pregunta has ido mucho más allá que la mayoría. Muchos compradores se quedan con la idea que hicieron una excelente elección de préstamo al escoger aquel con la tasa de interés más baja y nunca se preguntan esto. ¿Por qué si la tasa de interés es menor tengo que pagar más dinero para comprar mi casa? ¿En realidad estoy ahorrando si me están pidiendo más dinero para el pago inicial?

Lo más probable es que te pudieron ofrecer la tasa de interés más baja porque te vendieron puntos de descuento o te cobraron otras comisiones que el otro banco o la otra opción no te los estaba cobrando. Si te estás haciendo esta pregunta alguien no te dio toda la información que requieres para tomar tu decisión. Esto no necesariamente es malintencionado, pero pasa todo el tiempo. Otra forma de mejorar la tasa es a través del fraude hipotecario.

¿Cómo se puede cometer fraude hipotecario al buscar conseguir una mejor tasa de interés?

Es una realidad y debes tener mucho cuidado. Te lo voy a explicar con un par de ejemplos.

Ejemplo uno: Quieres comprar una casa como inversión y el primer banco o prestamista te ofrece una tasa, digamos 9%. Esa tasa de interés está ligada al hecho de que la casa para ti es una inversión. Entra en escena el banco o prestamista número dos y te ofrece una tasa de 7.5% WOW! Que gran ahorro. El fraude hipotecario sucede si ese banco número dos te pide cierta información para hacer aparecer esa compra como una residencia personal, o sin decírtelo simplemente lo hace.

Ten cuidado, hay formas legítimas de conseguir una mejor tasa. Pero como te decía antes, es importante que, si ves una diferencia grande en tasas de interés entre dos propuestas, te asegures que no sea un caso de fraude hipotecario. Como dijimos antes, las tasas de interés al final del día varían muy poco entre sí, y cuando pones todos los números juntos el costo de los prestamos es casi el mismo.

Excepto si eliges tu préstamo con un gran banco de renombre: en esos casos los comerciales en el Super Bowl, estadios, parques, edificios y cualquier otro anuncio publicitario lo puedes estar pagando con tu tasa de interés. No es secreto, no es magia. La publicidad cuesta, y siempre la paga el cliente. Pero para muchos son la opción a seguir ya sea por desconocimiento de que hay otras alternativas más económicas o simplemente porque tendemos a creer que los grandes bancos son mejores.

Ejemplo dos: Se declara un mayor ingreso al que realmente tienes. Esto puede incluir falsificación de documentos. Puede sonar evidentemente fraudulento para muchos. Pero te sorprendería saber que esta es una de las estrategias más comunes de fraude hipotecario en Estados Unidos. ¿Por qué menciono este punto? Algún involucrado en tu compra o préstamo te puede sugerir o recomendar inflar tu ingreso para obtener el crédito o una mejor tasa de interés, no lo hagas.

Para algunas personas falsificar documentos es fácil y pueden ser buenos en ello. Lo que muchos aún no saben es que cada día es más común realizar verificaciones electrónicas de casi toda la información que proveemos. Y no solo eso, los bancos activamente buscan elementos de fraude en todas las solicitudes de préstamo como parte de su proceso interno de calificación. Tu no lo ves, pero cada documento y pieza de información que entregas es cuidadosamente revisada, incluso ahora por medio de inteligencia artificial. Por eso el trámite tarda 30 días en promedio. No te dejes llevar por recomendaciones de mentir en tu solicitud de préstamo o en tu compra. Mentir en Estados Unidos es un delito. Y en Estados Unidos la ley se cumple.

¿Y cómo consigo una mejor tasa de interés sin pagar puntos?

Ya sabes que son los puntos y no te van a despistar haciéndote pagar por una mejor tasa.

¿Aun así, se puede conseguir una mejor tasa sin pagar puntos? ¡Si!

Pero no te pongas contento demasiado rápido. Hay otros conceptos que de forma similar a los puntos de descuento hacen que tu tasa de interés baje, pero no el costo total de tu préstamo. Estos conceptos pueden tener varios nombres, pero también los vas a encontrar en la segunda página de tu loan estimate y se pueden llamar "underwriting", "administration fee" u otros similares que puedes encontrar en la sección A o B de la hoja dos de tu Loan Estimate, la cual se va a ver muy parecida a la siguiente imagen (los números no son parte del ejemplo):

Closing Cost Details

Loan Costs		Other Costs	
A. Origination Charges	**$4,515**	**E. Taxes and Other Government Fees**	**$3,879**
% of Loan Amount (Points)		Recording Fees and Other Taxes	$294
Loan Origination Fee	$2,025	Transfer Taxes	$3,585
Mortgage Broker Processing Fee to	$995	**F. Prepaids**	**$4,219**
Underwriting Fee	$1,495	Homeowner's Insurance Premium (12 months)	$2,640
		Mortgage Insurance Premium (months)	
		Prepaid Interest ($43.46 per day for 8 days @ 5.875%)	$348
		Property Taxes (6 months)	$1,231
		G. Initial Escrow Payment at Closing	**$850**
		Homeowner's Insurance $220.00 per month for 2 mo.	$440
B. Services You Cannot Shop For	**$1,085**	Mortgage Insurance per month for mo.	
Appraisal Fee	$950	Property Taxes $205.15 per month for 2 mo.	$410
Credit Report Fee	$100		
Flood Cert	$10		
MERS Registration Fee	$25		
		H. Other	

El *loan estimate* es un documento largo y a primera vista complejo, por lo cual requiere algo de tiempo descubrir que una mejor tasa de interés en realidad no representa un ahorro real para el comprador. Por ello es importante que tu gerente de préstamo sea totalmente sincero contigo en explicarte todos los conceptos y responder tus preguntas, ya que puedes tener la impresión de que ahorraste dinero cuando en realidad dos presupuestos de préstamo son prácticamente iguales, aun y cuando las tasas de interés se ven diferentes.

Si estás comprando una casa nueva debes tener especial atención en estas secciones A y B ya que en muchas ocasiones las constructoras ofrecen incentivos donde incluso pagan todos los costos de cierre. La mayoría de los conceptos que veas en estas secciones A y B en la compra de tu casa nueva, son comisiones para ellos o para su banco. Es decir, muchos de los incentivos que te ofrecieron cuando te estaban ofreciendo ese trato irresistible acaban en sus propias cuentas, no en la tuya.

4. Mi crédito

Quiero una precalificación, pero no quiero que saquen mi crédito, ¿Qué hago?

Si decides acudir a un banco para obtener tu precalificación, ellos van a sacar tu crédito, normalmente sin cobrártelo en ese momento... pero te lo van a cobrar después. Lo importante que sepas es que lo van a sacar y en un banco eso no es negociable.

Si acudes a un oficial de préstamo independiente, la mayoría van a sacar tu crédito. Algunos te lo van a cobrar en ese momento, otros después. Es importante que sepas que invariablemente lo pagas, ya sea antes o después. En el 2024 el costo del reporte de crédito puede estar de poco más de 60 dólares a un par de cientos, dependiendo de la institución o persona que haga tu préstamo. Normalmente cuando no te lo cobran en ese momento te lo van a cobrar más caro después. Te recomiendo que para decidir con quien tramitar tu préstamo no te bases en el costo del reporte de crédito o si te lo están cobrando por anticipado o no. Este costo no es relevante para tu decisión (recuerda que tarde o temprano lo vas a pagar). Mas delante vamos a ver otros costos que son muy importantes.

Para obtener una precalificación real para comprar una casa necesariamente el oficial de préstamo requiere obtener tu reporte de crédito.

Aquí debes saber tres cosas:

1. Sacar tu crédito para comprar tu casa no daña tu perfil. Puede bajar (*muy poco*) si aplicas en múltiples bancos o tiendas para obtener tarjetas de crédito, un auto o préstamos personales en un periodo corto de tiempo, por ejemplo, en menos de seis meses. Pero en general puedes obtener tu reporte de crédito para un préstamo hipotecario

varias veces en un lapso de 45 días sin riesgo de bajarlo. Para que te des una idea, después de que saques tu crédito te puede bajar de 3 a 5 puntos, esto es menos del UNO por ciento de tu puntaje. Es decir, casi cero.

2. Antes de hacer una consulta de tu crédito para la compra de casa existe un paso previo llamado "soft-pull" o consulta suave. La cual no afecta tu puntaje en lo absoluto, pero NO sirve una vez que quieres comprar tu casa. Es decir, es una buena opción cuando no estás seguro de ser calificado (por ejemplo, si sospechas que algo en tu pasado financiero te puede estar afectando) o no quieres comprar tu casa en un lapso menor a cuatro meses. Solo deseas "darte una idea" de tus posibilidades, pero no estás listo para comprar. Muchos oficiales de préstamo no te van a ofrecer esta opción, pero siempre puedes pedirla y si definitivamente no es una opción que te ofrezca esa empresa o persona puedes cambiar de asesor.

3. Para tener una idea general de tus posibilidades de compra tampoco es necesaria una consulta a tu crédito; pero esta tercera opción es

de muy poco valor real para saber con precisión cuáles son tus posibilidades de compra.

Yo personalmente no saco el reporte de crédito de mis clientes sino hasta DESPUES de haber revisado toda la documentación y saber que la persona tiene buenas posibilidades y el interés de comprar en el corto plazo, pero la mayoría de gerentes de préstamo (todos los que conozco yo) lo primero que quieren hacer es sacar tu crédito. Para mi esta práctica de empezar por sacar el crédito no tiene sentido, pero es una realidad. Lo hacen.

Estoy arreglando mi crédito para poder comprar mi casa, ¿Cuánto tiempo necesito?

El crédito es un tema bastante amplio que requiere un escrito aparte, pero en términos generales toma de 2 a 4 meses tener un crédito suficiente después de tomar ciertas acciones específicas que son diferentes para todos.

Muchas personas piensan en subir su crédito antes de comprar casa, pero en realidad no lo necesitan y pueden estar dejando ir oportunidades valiosas por pensar que tienen que esperar a tener un mejor puntaje. Por lo pronto considera que "arreglar mi crédito" sin asesoría profesional te puede llevar muchos meses con muy pocos resultados o ninguno. Si deseas reparar tu crédito lo más probable es que necesites asesoría profesional. Los agentes de bienes raíces y los oficiales de préstamo pueden o no saber cómo ayudarte; y si lo hacen es porque tienen estudios adicionales que los acreditan para ayudarte.

Un agente de bienes raíces no tiene acceso a obtener tu reporte de crédito. El oficial de préstamo puede obtener tu reporte, pero muchos no estarán dispuestos a ayudarte si tu crédito requiere trabajo. No te desanimes. Busca a alguien que te quiera ayudar (te va a costar). El costo de estos asesores puede variar de unos cien dólares mensuales por unos meses a uno o dos pagos de alrededor de mil en total.

Es probable que tú sepas o creas que hay algo en tu historial de crédito que te descalifica. No siempre es así. Por ejemplo, las deudas médicas normalmente NO afectan tu precalificación e incluso las bancarrotas tienen una fecha de "caducidad" después de la cual no te descalifican para un crédito. Así que no te preocupes y deja que tu oficial de préstamo sea quien revise tu crédito y trabaje en tu precalificación.

¿Cuál es un puntaje de crédito bueno para comprar casa?

Para obtener las mejores condiciones de préstamo, 740 es MUCHO más que suficiente. En general arriba de 680 es bueno, pero a partir de 500 puntos hay opciones de crédito.

Esto traducido a nuestra vida diaria significa que si no tienes pagos atrasados en los últimos 90 días lo más probable es que tu crédito este arriba de 500 puntos, pero si has hecho alguna renegociación de crédito en los últimos 24 meses pudiera ser una limitante. Si has tenido una bancarrota, embargo (repo) de auto o remate de una casa a tu nombre en los últimos 7 años también puede ser una limitante para ser aprobado, independientemente del puntaje.

Pero cada caso es diferente. Así es, el reporte de crédito no solo es tu puntaje. De igual forma las deudas a tu nombre (de casas, autos, de tarjetas de crédito, préstamos personales y otras) cambian el monto de préstamo.

Al final del día, estimado amigo, no te preocupes mucho por este elemento, deja que un profesional revise tu reporte y te dirá lo que procede. Los puntajes de crédito que aparecen en tus aplicaciones de los bancos son una referencia, pero el puntaje que te muestran puede ser menor o mayor que el que se obtiene para efectos de préstamo hipotecario.

¿Por qué el puntaje que sale en mi teléfono no lo usan los bancos?

El puntaje que te dan las aplicaciones de teléfono corresponde a un modelo matemático de una compañía que tiene un contrato para dar ese servicio. El puntaje que se usa para otorgarte un préstamo hipotecario es el puntaje "medio" de tres compañías, Experian, Transunion y Equifax diseñado exclusivamente para préstamos hipotecarios.

¿Y cuál es mi puntaje medio de Transunion, Equifax y Experian?

Es como Malcom: el de en medio. Por ejemplo, si tus puntajes reportados son 658, 720 y 703; el puntaje que será usado para calificar tu préstamo es 703. Pero esto no es tan grave ya que los puntajes de crédito se clasifican en grupos. En el ejemplo que muestro el grupo de puntajes es "de 700 a 720", así que, aunque en el sistema que usen para hacer tu hipoteca se entre 703, tu resultado es el mismo de aquellos que califiquen con 720. De igual manera nada ganas si tu puntaje sube a 720 en dos o tres meses, estarías en el mismo grupo.

Nótese que no es un promedio, es el puntaje de en medio.

En algunos casos cuando tu perfil crediticio es reciente muy probablemente solo te aparezca puntaje en una o dos de las tres compañías mencionadas.

En estos casos hay algunas reglas que mayormente aplican para todos los casos, así que no te dejes sorprender o asustar si tu gerente de hipotecas te dice que va a usar el más bajo de los dos puntajes que te aparecen, o que va a hacer una excepción contigo para otorgarte el préstamo con un solo puntaje.

La realidad es que si tu caso entra en uno de estos ejemplos simplemente se aplica la regla vigente y ya. Probablemente tengas que esperar algunos meses a que tener el perfil completo con tres puntajes, o cambiar de banco.

Lo importante es que sepas que muchos casos tienen solución, pero para ello tal vez tengas que cambiar a tu gerente de hipotecas, o conseguirte uno. Es impresionante la cantidad de compradores que confían en el vendedor de casas para resolver los temas financieros de su compra.

Ante todo, recuerda que el vendedor de casas (*realtor*) no es el experto en hipotecas ni tiene las soluciones financieras para ti. Si te ofrece solucionar tu caso lo más probable es que este fungiendo como intermediario entre tu y el gerente de hipotecas. Esta práctica común no es ideal ya que se pierde mucha información en el camino.

Ya tengo un puntaje excelente, ¿qué más puedo hacer para tener el mejor préstamo?

Sinceramente, en cuanto a tu perfil de crédito, no mucho. Y no solo eso, el puntaje de crédito está un poco sobrevalorado ya que para calificar tu préstamo y para obtener una tasa de interés determinada se consideran muchos más elementos, no solo el puntaje de crédito. Lo que debemos saber es que teniendo al menos dos tarjetas de crédito por uno o dos años y pagar todas nuestras cuentas puntualmente es más que suficiente. Pero recuerda siempre, cada caso es diferente. No hay fórmula única.

El principal factor que rige las tasas de interés es el mercado y en ese aspecto no tienes absolutamente ningún control. El mejor puntaje de crédito puede tener una tasa de interés más alta que el peor puntaje de crédito simplemente porque estos dos compradores están en momentos de mercado diferentes.

Esto significa que si alguien con un "excelente" crédito se encuentra en un momento de mercado donde la tasa de interés promedio sea de 6% va a recibir un préstamo con un interés más alto que aquella persona con un puntaje "bajo" o "malo" pero que compre en un momento del mercado donde la tasa promedio sea 3%

Esto no solo es una realidad, sino que nos muestra como el esperar a tener un puntaje de crédito mayor te puede perjudicar en tu préstamo si se dan las condiciones donde al mismo tiempo que tu puntaje suba el mercado empeora y acabas teniendo un préstamo más "caro" incluso con un mejor puntaje de crédito. Caso real.

¿Y qué afecta a mi reporte de crédito?

Como ya dijimos que obtener tu reporte de crédito no lo va a dañar realmente, quiero decirte lo que SI afecta tu crédito. Para muchos va a sonar obvio, pero lo que afecta tu reporte de crédito es:

- Pagar tarjetas de crédito tarde.
- No pagar recibos de teléfono, cable, internet, auto. Aunque estén en pleito, aunque tengas la razón. Si dejas de

pagar, se va dañar tu crédito y toma meses recuperarlo.

- Renegociar deudas por un monto menor a tu deuda original.
- Declararte en bancarrota.
- Que te embarguen un auto o una casa.
- Que uses más del 30% de tus límites de crédito. (Lo ideal es usar del 1% al 9%)
- Que uses más del 90% de tu límite de crédito.
- Que tus saldos al corte sean más del 100% de tu límite de crédito.

Los tres últimos pueden ser necesarios para ti (¿si tienes un crédito es para usarlo, o no?) pero una vez que cruces "de reversa" o hacia abajo estos límites; tu crédito ira subiendo rápidamente conforme bajes tu nivel de deuda. Si quieres subir tu puntaje, si lo has visto bajar "sin haber hecho nada" o si te parece que está demasiado bajo; en la mayoría de los casos será por una de las razones mencionadas y para subirlo en la mayoría de los casos la solución es pagar la compra o deuda que causó que bajara.

Hay otros eventos que bajan tu puntaje temporalmente, como solicitar una o varias tarjetas de crédito en menos de un mes, o sacar tu crédito múltiples veces para intentar comprar un auto o sacar un préstamo. Pero al final del día estas bajas temporales en tu puntaje se disuelven solas en unos meses. No es nada de cuidado.

Deja de pensar en si van a sacar tu reporte de crédito y te van a afectar, lo que debes hacer es pagar todas tus cuentas a tiempo y podrás estar tranquilo.

El único evento "inconsciente" que puede ocasionar que baje drásticamente tu puntaje es firmar un acuerdo de reestructura que no entiendes completamente (porque lo hizo alguien más por ti, generalmente cobrándote). Normalmente lo que baja drásticamente tu crédito lo sabes cuando lo haces: usaste demasiado una tarjeta de crédito (normalmente para hacer compras que no puedes pagar con tu propio dinero), hiciste un pago atrasado (o no lo hiciste). No hay mucho secreto realmente para un buen crédito. Ser responsable en tus finanzas siempre será el mejor método para un buen puntaje de crédito. Si yo tuviera que recomendarle a alguien que hacer para mantener un buen crédito, el "no sacar un reporte de crédito" sería una de mis ultimas recomendaciones. No es importante.

¿Qué tanto me ayuda comprar un auto a crédito para subir mi puntaje?

No necesitas (ni deberías) comprar un auto a crédito ni hacer ninguna otra estrategia "inteligente" o secreta. Aunque no pagues tú el auto. Si prestas tu social o tu ITIN a alguien más para comprar un auto a crédito, cuando necesites comprar tu propio auto o casa; tu capacidad de pago va a ser menor porque ante los bancos tú ya debes un auto, ya estás pagando un auto. Mejor no lo hagas. Mucho menos pensando en que vas a subir tu puntaje.

Tener algo de crédito y ser puntual en tus pagos es suficiente. Algunos préstamos como el de ITIN son más exigentes con las líneas de crédito, pero en general una o dos tarjetas son suficientes. He ayudado a clientes a comprar su casa en menos de seis meses, pasado de ab-so-lu-ta-men-te ningún puntaje de crédito a flamantes nuevos compradores. Pero cada caso es diferente.

Es más fácil pasar de "sin crédito" a "un poco de crédito" que intentar comprar casa con tres o cuatro pagos tarde en lo que va del año. Como ya dije antes: paga puntual. Tan sencillo como pagar puntual. Ese es el secreto para un crédito sano.

¿Quiero comprar o refinanciar mi casa, pero primero quiero arreglar mi crédito, cuánto debo esperar?

Nada. Ni un minuto. Este es uno de los errores más comunes que detienen a las personas de comprar o refinanciar su casa. Acércate a un profesional y él o ella te va a ayudar a tener tu casa lo más pronto posible (tal vez de inmediato). Si realmente quieres comprar tu casa no esperes ni un minuto más. Es probable que quieras esperar para obtener una mejor tasa de interés (con un mejor puntaje de crédito, ¿cierto?) pero las tasas de interés hipotecario suben y bajan todos los días, independientemente de tu puntaje de crédito. ¿Esto que significa? Que el día de mañana que decidas comprar porque tu puntaje de crédito ya subió de 681 a 700 tal vez las tasas de interés subieron ese día y al final te puede salir más caro haber esperado. Eso sin tomar en cuenta que, como dijimos en otra sección, para efectos de calificación de préstamo con 681 y 700 obtendrían la misma tasa de interés por estar en el mismo grupo. De "681 a 700" casi siempre van a ser parte del mismo grupo.

O que tal esto: esperas seis u ocho meses y en ese tiempo las casas en la zona que te gusta (no en el país, no en el estado, no en la ciudad) suben de precio un 2%, y también la tasa de interés! No le des tanta importancia a un número que ni siquiera esta expresado en dinero, no lo pienses demasiado.

Compra con confianza, compra con entusiasmo. Es tu vida, es tu única vida, toma el toro por los cuernos. ¡No dejes que nada te detenga!

Recuerda, hay muchos más elementos que te califican para un préstamo. El puntaje de crédito es uno solo de más de veinte. De los tres más importantes el reporte de crédito (ni siquiera el puntaje sino el reporte completo) en muchos casos es el tercero.

Los otros dos muy importantes son el dinero que tienes para pago inicial y tu empleo. Y aun antes que estos están la inflación y las condiciones de los mercados financieros. ¡Esto es lo principal y no tienes ningún control sobre ellos!

¿Qué es FICO 10T y Vantage 4.0?

En octubre del 2022 se anuncia el uso de esta nueva versión del reporte FICO, el cual da un mayor peso o valor al uso de nuestro crédito en los últimos dos años, esta puede ser una ventaja si has estado mejorando tu comportamiento crediticio recientemente, ya que las versiones anteriores, FICO 8 y 9, no cuentan con estas actualizaciones de análisis. Fico 10T y Vantage 4.0 incluyen estos análisis de tendencias donde el mejor comportamiento crediticio más reciente es reflejado en los puntajes de una forma más precisa que las versiones anteriores.

¿Cuáles son las 5 áreas que usa FICO para generar mi puntaje?

1. Créditos nuevos 10% del puntaje,

2. Tipos de crédito (auto, tarjetas, préstamos personales, hipoteca) 10% del puntaje,

3. Historial de pagos 35% del puntaje (aquí la importancia de pagar puntuales y por supuesto, no dejar de pagar nuestros recibos, por ejemplo, de cable, internet o teléfono, aunque estés en

desacuerdo con la compañía, si dejas de pagar $30 dólares la empresa de cable no los va a extrañar, pero tu puntaje de crédito te va a bajar super rápido y peor aún, puede imposibilitarte de obtener algunos tipos de préstamo que requieren pago puntual de recibos en los últimos doce meses), no pienses que dejar de pagar tus facturas mensuales es una venganza contra la empresa. Lo más probable es que nadie en esa empresa se va a dar cuenta siquiera que existes. Ni les duelen los 30 dólares que dejes de pagar, pero sus sistemas automáticos te van a reportar ante los burós de crédito. De eso no te salvas.

4. Utilización del crédito 30% del puntaje (por eso usar del 1% al 9% es lo ideal),

5. Antigüedad de mis créditos 15% (por eso nunca deberíamos cerrar una tarjeta de crédito, digo deberíamos porque es posible que tengas una razón de mucho peso para decidir cerrarla, y es tu decisión).

¿Has notado que "sacar tu reporte de crédito" no es una de las 5 áreas? Que interesante: la preocupación número uno de las personas al pensar en su puntaje de crédito ni siquiera merece un espacio por separado. Buen punto para que lo reflexiones.

5. Grandes retos

Hay algunos temas diversos que son motivo de preocupación y en ocasiones, aunque no los pensemos pueden llegar a representar un reto a vencer para obtener tu hipoteca.

En esta sección vamos a hablar de esos temas diversos.

Nota que no he usado la palabra "problemas" u "obstáculos". Y tú tampoco deberías. Los retos es uno de los mejores eventos que pueden sucederte cuando estás comprando tu casa ya que al pasar los años cuando recuerdes como fue que te hiciste de tu casa, es lo que vas a recordar con orgullo y tal vez contarles a tus nietos para motivarlos a que compren ellos su casa.

El mayor privilegio que puedes tener al atreverte a comprar tu casa es tener estos retos en el camino y vencerlos, porque te estarás convirtiendo en una mejor persona en el proceso.

Me cambié de trabajo recientemente, ¿cuánto tiempo debo esperar para poder comprar?

En muchos casos nada, pero depende. En términos generales se te va pedir proporcionar la información de tu(s) empleo(s) que hayas tenido en los 24 meses más recientes. Eso NO significa que debes tener el mismo empleo durante ese tiempo. ¡He ayudado a personas en la compra de su casa que han cambiado de empleo hasta 7 veces en menos de 24 meses! Sin problema.

Por otro lado, hablando de esos recientes 24 meses, cambiar de un trabajo de oficina con un sueldo fijo, a vendedor a comisión o emprendedor en un negocio nuevo; eso sí puede ser un reto para tu precalificación. Idealmente deberías tener al menos dos años en la misma línea de trabajo.

Similarmente a con tu situación de crédito, lo importante es que proveas la información a tu oficial de préstamo y él o ella te dirán si calificas inmediatamente o hay que esperar un poco o tomar acciones adicionales. Casi siempre hay más de una opción para ti, aun y cuando hayas cambiado recientemente de empleo.

Recuerda siempre: auto diagnosticarte financieramente es tan riesgoso como hacerlo en cuestiones de salud. La información que vas a ver allá afuera (incluyendo esta) es una referencia general, no es tu caso. El diagnóstico (y la mejor fórmula para ti), deben ser SIEMPRE de la mano de un profesional. No lo hagas tú solo.

Sólo toma en cuenta lo siguiente: si ya colocaste una oferta por escrito para una casa e hiciste el depósito inicial, es vital que no cambies de empleo (o de puesto de trabajo incluso en la misma empresa) sin consultarlo antes con tu oficial de préstamo. Aquí sí puede ser importante no cambiar de empleo antes de recibir las llaves de tu casa.

Me ofrecen un trabajo buenísimo, pero ya estoy a dos semanas de recibir mi casa, ¿puedo tomarlo?

En este punto podrías perder la calificación al préstamo si te cambias de empleo. Casi siempre del banco harán una llamada final a tu trabajo unos días antes de entregarte las llaves de la casa y si dicen que ya no trabajas ahí muy probablemente se rechace el préstamo porque las condiciones con las cuales calificaste ya no existen.

Esto no significa que debes rechazar la oferta de trabajo, puedes explicar la situación en la empresa y muy probablemente te esperen esas dos semanas (que normalmente también las vas a necesitar para dar aviso en tu empleo actual).

Si esto no fuera una opción también puedes hablar con el profesional de préstamo que te está ayudando y se podrían hacer algunos trámites adicionales para continuar con la calificación de tu préstamo. Estos trámites adicionales muy probablemente incluyan alguna carta de tu nuevo empleador mostrando tu salario ofrecido y otras condiciones del nuevo empleo.

Todos los préstamos son diferentes. Lo importante es que sepas que tienes opciones y tu profesional de crédito es tu mejor amigo durante el proceso y le debes confiar todo. Es como un abogado, esta de tu lado y debe saber todo tu pasado y presente financieros. Por ejemplo, si estas iniciando un negocio o tienes alguna propiedad a tu nombre que no habitas, aunque esté pagada o alguien más haga los pagos.

¿Tengo otra casa a mi nombre, pero no vivo en ella y no tiene préstamo, es mejor que no lo mencione?

Para la mayoría de los préstamos hay que mencionar todas tus propiedades. Si vas a comprar tu primera casa indudablemente lo tienes que mencionar. Hay varias razones por las cuales pudiera haber una propiedad a tu nombre, está totalmente pagada y no la habitas. Posiblemente ni siquiera es tuya. Pero estando a tu nombre el banco va obtener un reporte donde apareces como propietario, no lo puedes ocultar. Es mejor que lo menciones desde un principio y el profesional de hipotecas va a encontrar la solución para ti.

¿Empecé un negocio el año pasado, pero aún no me da utilidades y vivo de mi empleo, de hecho, reporté perdida en mis impuestos, lo debo decir?

Definitivamente sí. Sobre todo, si declaraste pérdidas va a surgir en el momento que el banco corra sus procesos ya que el ingreso principal de tu empleo puede ser reducido por la pérdida que declaraste y si esta información no se conoce desde un principio puede ser una desagradable sorpresa. Puede no ser relevante, pero lo importante es que recuerdes mencionar todos y cada uno de los detalles de tus finanzas. No omitas nada. La pericia, experiencia y conocimiento de tu gerente de hipotecas es fundamental en todo el proceso. Pero también ten mucho cuidado si un gerente de hipotecas te dice que tiene x años (por ejemplo, diez) haciendo préstamos y es su mejor carta de presentación. Hay tantos tipos de préstamo diferentes que conforme pasa el tiempo los gerentes de préstamo se especializan solo en uno o dos y olvidan los demás.

Yo personalmente me especializo en casos complicados. Paso mucho de mi tiempo estudiando los cambios en los productos y los mercados. Todo el tiempo vas a oír hablar del préstamo convencional y el FHA. Son los prestamos básicos.

Una de las razones por las cuales estas ahora leyendo este libro y no otro es porque dedico gran parte de mi tiempo a estudiar los cambios y compartirlos con quienquiera se interese; mientras que la mayoría de los profesionales en hipotecas y bienes raíces en Estados Unidos están tratando de vender una casa o un préstamo.

¿Qué es la inspección y el avaluó?

Dos pasos muy importantes cuando inicias el proceso de comprar una casa que ya elegiste. Una vez que tu oferta es aceptada, tu agente de bienes raíces coordina la inspección. La pagas tú en ese momento y el inspector te va a decir los pros y contras de la propiedad en todos sus aspectos. Si necesita reparaciones, si tiene algunos elementos nuevos o recientes; prácticamente todo lo que te preguntabas cuando visitaste la propiedad y decidiste hacer una oferta de compra será respondido en la inspección.

La inspección tiene una importancia adicional ya que en este momento puedes negociar descuentos en el precio o concesiones del vendedor en tu beneficio. Por ejemplo, la inspección revela que el techo va a requerir una reparación menor en un par de años, puedes pedir una reducción en el precio (por ejemplo, cinco mil dólares); o mantener el mismo precio pero que el vendedor colabore con cinco mil dólares para tus costos de cierre.

La segunda opción suele ser mejor en muchos casos ya que al no reducir el precio de tu nueva casa, se mantiene un nivel más alto de precios en la zona, pero tu obtienes el beneficio de los cinco mil dólares, y los agentes de ventas (el tuyo y el del vendedor) reciben sus comisiones sobre el precio completo, sin descuentos. Y tú habrás colaborado a mantener un valor comercial mayor de tu nueva casa.

6. ¿FHA o Convencional?

¿Voy a comprar mi primera casa, Es un crédito FHA la mejor opción para mí?

La respuesta corta es depende, pero puede ser que no. El crédito hipotecario FHA (generado y regulado desde la Federal Housing Administration) ha cobrado una gran fama a través del tiempo, pero la verdad es que en general no es el más económico.

No solo la tasa de interés o el costo anual total (APR en inglés) puede ser un poco más alta que otras opciones, sino que casi siempre incluye un costo de seguro hipotecario adicional (MIP, por sus siglas en inglés) que no representa ningún beneficio para el comprador. En realidad, incluye dos seguros hipotecarios que no te benefician en nada, pero vamos por partes.

¿Y por qué es tan recomendado el crédito FHA, si no es tan bueno?

No es que no sea bueno, solo dijimos que puede no ser el más económico. Puede ser bueno - o la única opción- para personas con un puntaje FICO bajo (por ejemplo, entre 500 y 620 puntos). También es una buena opción cuando nuestro ingreso o deudas no nos permiten tener acceso a opciones más económicas. Aquí nuevamente vemos que el FHA es una excelente opción para algunos compradores que de otra forma no podrían comprar su casa.

¿Por qué me están diciendo que necesito un préstamo FHA para conseguir la casa que me gusta?

Como ya dijimos, la primera razón puede ser que tu puntaje o perfil de crédito no te califique para una opción más económica como un préstamo convencional. Adicionalmente, el préstamo FHA es más flexible en permitir un mayor nivel de endeudamiento. Esto en muchos casos permite a los compradores conseguir la aprobación del préstamo que de otra forma no podrían conseguir. En estos casos el préstamo FHA, aunque más costoso, permite que las personas cumplan su sueño. En otros casos puede ser simple ignorancia o comodidad de quien hace tu préstamo. Esta última razón es más común de lo que se pudiera pensar. Gerentes de préstamo con poca experiencia o presionados por el comprador o el agente vendedor de casa pueden tramitar un préstamo FHA aunque no sea la opción más económica, solo porque el comprador o su agente se lo piden.

¿Si no es el FHA, entonces cuál es el mejor préstamo?

Definamos "mejor": el mejor préstamo para ti es personalizado. Es como tu auto, como tu casa. El mejor para ti no es el mejor para otra persona. ¿Por qué? Tú tienes un presupuesto para pago inicial, tú tienes un historial de crédito, tú tienes un ingreso y deudas propias, tú tienes una meta de pago en el tiempo para el préstamo, tú vas a comprar en una ciudad (y no en otra), tú tienes pensado vivir cierto tiempo en esa casa, estos y otros elementos cambian la mejor opción para ti. Es prácticamente imposible que dos personas tengan el mejor préstamo igual entre sí.

Para una persona puede ser FHA, para otra no. Conseguir un préstamo es como ir al médico, necesitamos haber estado en una consulta personalizada para obtener la "receta" (la precalificación del préstamo, en este caso, y al final el préstamo) que mejor aplique para nosotros.

"-OK Alberto, entiendo que FHA no es el mejor. ¿Cuál es el mejor?"

Nuevamente, no hay mejor, porque en muchos casos no calificaremos para otro que no sea FHA, pero te voy a dar algunas respuestas que estas esperando:

¿Cuál es el monto mínimo de dinero necesario para obtener un préstamo?

El enganche o pago inicial mínimo común para préstamo FHA es 3.5% si tu puntaje FICO es al menos 580.

El enganche o inicial mínimo común para préstamo Convencional es 3%

El puntaje mínimo FICO para préstamo FHA es 500, pero requiere 10% de inicial. Muchos de nosotros podremos preferir trabajar un poco en subir el puntaje al menos a 580 para poder dar el mínimo de 3.5%

Para otros puede ser más conveniente y posible dar un 10% y con ello también estarías reduciendo el monto de tu deuda y tu pago mensual. Mayor enganche o pago inicial también tiene sus ventajas.

El puntaje mínimo para Convencional normalmente es 620, pero las opciones de tasa de interés más atractivas se obtienen con puntajes mayores a 700.

El préstamo convencional no requiere pago mensual de seguro hipotecario, pero el monto de tu préstamo puede ser menor que el de un FHA.

¿Te has confundido un poco? No te preocupes. Este análisis lo va a hacer por ti tu profesional en hipotecas (NO el vendedor de casas). ¡Por eso es importante que te pongas en contacto con él o ella cuanto antes!

Si no cuentas con SSN o vives fuera de Estados Unidos, no tienes acceso a FHA ni a convencional con estos mínimos pagos iniciales indicados arriba, ¡pero hay OTROS préstamos para ti! Así es, aunque no vivas en Estados Unidos puedes obtener un crédito para comprar casa en este gran país, y si vives en Estados Unidos, pero no cuentas con SSN también puedes llegar a obtener una hipoteca después de seguir algunos pasos importantes de la mano de un experto en hipotecas para personas con ITIN, esto requiere preparación adicional del experto en hipotecas que te va a ayudar.

¿No me enredes con porcentajes Alberto, cuánto dinero necesito?

Pongamos los puntos sobre las íes.

El 3% de cien mil son tres mil (dólares, en este caso)

El 3.5% de cien mil son tres mil quinientos (dólares, también)

El 10% de cien mil son diez mil dólares.

Entonces, podemos multiplicar estos montos por el valor de la casa que estas buscando.

Casa de 300Mil X 3% = 9 mil dólares

Casa de 300Mil X 3.5% = 10,500 dólares

Casa de 300Mil X 10% = 30 Mil dólares

Casi siempre se requiere de un 3% a un 6% adicional para otros conceptos, los llamados costos de cierre, lo vamos a desglosar más adelante.

¿Y cuál es el pago inicial que debería dar?

Si te estás haciendo esta pregunta probablemente cuentes con más dinero que el mínimo requerido. Lo cual es una gran situación en la cual estar. La decisión es personal, pero te puedo decir que si das al menos un 20% te vas a ahorrar algunos costos y tu tasa de interés será mejor (comparada con aquellos que dan el mínimo enganche). También tu oferta será más atractiva para los vendedores y podrás elegir entre más propiedades.

Tu pago mensual (y tu deuda) será menor entre mayor sea tu pago inicial así que si puedes dar al menos un 20% es una buena idea.

"No me enredes Alberto, dime ¿cuál es el mejor préstamo?"

Como tantas cosas en la vida, no lo hay, así como tampoco hay el mejor banco. Si hubiera un mejor préstamo y un mejor banco o institución de crédito, los demás préstamos y las demás instituciones morirían poco a poco; hasta que solo quedaría "el mejor". En este sentido te puedo decir algo: algunos de los grandes bancos se están retirando poco a poco del negocio hipotecario. ¿Ya te imaginas por qué?

En cuanto a préstamos, hay convencionales y FHA para quienes cumplen la mayoría de los requisitos. Pero si te falta o estás débil en algún requisito importante, como residencia legal, empleo comprobable o impuestos declarados, debes saber que también hay opciones para ti; con algunos requisitos adicionales y/o diferentes a los préstamos "tradicionales", pero miles de personas en todo el país encuentran en estos préstamos la solución a sus necesidades de crédito.

Estos préstamos alternativos para compradores débiles en algún elemento (crédito, capital o capacidad de pago) son agrupados y conocidos como Non-QM y son mucho más variados que los tradicionales Convencional y FHA.

Al ser ofrecidos de manera alternativa, tienen regulaciones gubernamentales menores, su costo es un poco más alto, pero como ya dijimos, son una buena alternativa para quienes están débiles en uno de los elementos necesarios para calificar.

Normalmente estos préstamos Non-QM permiten estar débiles en un elemento, pero piden que se compense con otro. Por ejemplo, se puede no tener un número de seguro social, o no tener comprobantes de ingresos, y hay prestamos que pueden aprobar, pero te van a pedir que tengas un puntaje de crédito más alto, que pongas un pago inicial mayor o ingresos más altos. Es decir, al tener debilidad en un aspecto te exigen que lo compenses con una mayor fortaleza en otro y de esa forma poder calificar al crédito.

¿Qué es un préstamo convencional?

El préstamo convencional es una de las dos opciones más comunes de préstamo hipotecario en Estados Unidos. Puede ser el préstamo más económico si reúnes ciertos requisitos. Con un buen perfil crediticio que normalmente incluye un puntaje Fico mayor a 700, un historial de empleo sólido y un coeficiente de deuda menor al 30% sobre tu ingreso; puedes obtener este préstamo con un 3% de pago inicial o enganche y una "buena" tasa de interés. No quiero enredarte, si deseas saber si calificas para este préstamo consulta con un asesor financiero con licencia para hacer hipotecas en Estados Unidos (no un agente de bienes raíces, recuerda que el agente de bienes raíces viene después, cuando estas listo y precalificado para comprar tu casa).

¿Cómo se si la tasa de interés que me ofrecen es buena?

Excelente pregunta. Los bancos y prestamistas normalmente te van a cotizar su mejor tasa de interés en ese momento. Tres notas importantes:

1. Nadie, ni los grandes bancos ni los prestamistas independientes se van a ganar una mejor comisión, incentivos o beneficio por prestarte con una mayor tasa de interés. Todos ellos saben que ganarte como cliente implica darte la menor tasa de interés posible.
2. Las tasas de interés varían todos los días, pero no hay una hora específica para que suban o bajen, así que, si recibes dos

cotizaciones, para poder compararlas *apropiadamente* las personas que prepararon las cotizaciones para ti debieron obtenerlas de su sistema interno al mismo tiempo. Es decir; el mismo día, hora, minuto y segundo. En la práctica esto es muy poco probable.

3. La tasa de interés que te coticen casi nunca será la tasa final de tu préstamo. En las cotizaciones verás la siguiente información:

Save this Loan Estimate to compare with your Closing Disclosure.

LOAN TERM	30 years
PURPOSE	Refinance
PRODUCT	Fixed Rate
LOAN TYPE	☑ Conventional ☐ FHA ☐ VA ☐ USDA ☐
LOAN ID #	N097773
RATE LOCK	☑ NO ☐ YES, until

Before closing, your interest rate, points, and lender credits can change unless you lock the interest rate. All other estimated closing costs expire on **06/28/2023 11PM MST**

Observa con cuidado el recuadro junto a las palabras RATE LOCK: Normalmente (como en este caso) estará marcada la casilla NO, adicionalmente abajo podemos leer *"Antes de cerrar, tu tasa de interés, puntos, y créditos del prestamista pueden cambiar a menos que contrates tu tasa de interés. El resto de los costos de cierre estimados expiran el 6/28/2023 11PM Hora de la montaña"*.

Esta es la primera página de tu presupuesto de préstamo, es un formato legal así que todos los que recibas serán prácticamente iguales a este. Si no es como este no te sirve.

¿Qué es lo que dice?

En pocas palabras, que la tasa de interés que te ponen (y que muy probablemente utilices para comparar dos propuestas) NO está garantizada o contratada. Es decir, podrían ponerle cualquier número que sepan que te va a convencer (sobre todo si le diste una tasa "objetivo" deseable a esa persona), te va a encantar, te van a ganar como cliente y al final te la pueden cambiar.

Es una mala práctica bastante común que en un documento de cotización inicial le muestran al comprador de casa una tasa de interés irresistible y cuando estas a pocos días de completar la compra te dicen que el mercado ha cambiado y te suben la tasa de interés. Esto puede ser real y nunca sabrás si la persona te mintió al principio para atraer tu atención o efectivamente hubo un cambio. Por eso no es bueno que decidas con quien hacer tu hipoteca solamente con base en una tasa de interés. Esto en principio suena inteligente, pero es un análisis sumamente simplista y limitado.

Volviendo a la pregunta: ¿Como saber si la tasa de interés es buena?

En préstamos para tu casa de residencia principal, las tasas de interés son muy similares. Los bancos grandes que todos conocemos normalmente tienen tasas un poco más altas porque tienen mayores gastos publicitarios y corporativos, pero nos inspiran más confianza. Al final del día estás pidiendo un préstamo, la mayoría de los bancos te van a dar el mismo servicio. Podemos decir que en muchos casos no se puede saber cuál es la mejor tasa, pero podemos decir que es muy difícil que la mejor tasa venga de un banco grande, con sus gastos grandes.

Mi cuñado compró su casa al 2.5% en el 2020, ¿cómo puedo conseguir yo este interés?

En el 2024 esa tasa de interés hipotecaria no existe. Son las condiciones del mercado. Eso no significa que no pueda existir en el futuro. Lo que puedes hacer es comprar tu casa en el momento que desees (por ejemplo, ahora) y en el momento que una mejor tasa de interés salga al mercado puedes refinanciar tu préstamo y bajar tu tasa a las condiciones de mercado en ese momento. Pero ya aprovechaste este momento para comprar la casa al precio de hoy.

Aquí puedes darte cuenta que esperar a mejorar tu puntaje para obtener una mejor tasa de interés puede no llevarte muy lejos. Incluso puedes llegar a pagar una tasa de interés más alta, aunque tu puntaje de crédito haya subido, si se da el caso que el mercado ha subido mientras esperabas o trabajabas en mejorar tu puntaje.

7. Refinanciar

¿Qué es refinanciar mi préstamo?

Refinanciar tu préstamo es conseguir un nuevo préstamo para pagar el anterior. Una razón muy común para refinanciar tu préstamo es cuando las tasas de interés bajan. Tú puedes refinanciar tu préstamo con cualquier empresa que ofrezca préstamos hipotecarios, no tiene que ser la misma que te dio el primer préstamo.

Otro motivo para refinanciar un préstamo es cuando se desean hacer cambios en la propiedad, por ejemplo, por un divorcio o porque alguien que aparece en el préstamo (y en la escritura) se va a comprar su propia casa y va a dejar de ser responsable de contribuir al pago de la que se quiere refinanciar.

¿Por qué debería refinanciar mi préstamo?, las tasas de interés no han bajado; están igual o más altas que mi préstamo actual.

Una menor tasa de interés es una razón común, pero no es la única. Cuando el valor de tu casa ha subido con el tiempo (y con los pagos que has hecho el monto de tu préstamo ha bajado) puedes obtener dinero prestado sobre tu casa, normalmente hasta el 80% del valor actual de tu casa. No del que tenía cuando la compraste.

Este dinero adicional lo puedes usar para comprar una segunda casa, hacer mejoras o mantenimiento a tu casa, como un techo nuevo o una piscina, o para consolidar tu deuda con un nuevo préstamo. También para irte de vacaciones o cambiar tu auto. En muchos casos endeudarte para un auto nuevo puede no ser óptimo desde el punto de vista financiero, pero es tu dinero al final del día. La decisión es tuya.

¿Qué es consolidar mi deuda?

En pocas palabras pagar tus deudas "caras" con una sola deuda de menor precio, como la de un préstamo hipotecario. Si tienes tarjetas de crédito tu tasa de interés puede ir del 20% al 30%; de tu auto puede ser hasta un 20%; créditos personales hasta un 30% también. Entonces puede ser que una tasa de interés hipotecaria cerca del 9% ya no sea tan alta como pensabas. En muchos casos es conveniente subir un poco la tasa de interés en tu casa si eso te representa eliminar deudas costosas como tarjetas de crédito, auto y otros préstamos con tasas de interés realmente altas.

Pagando una mayor tasa de interés en tu casa podrías ahorrar dinero mes a mes al liquidar todas tus deudas caras. Tendrás un mayor sobrante de dinero y esto te va a permitir pagar tus deudas restantes más rápido, pagar menos intereses, por supuesto, o tener algo de efectivo disponible.

¿Qué es un HELOC?

Por sus siglas en inglés un HELOC es *Home Equity Line of Credit.* En pocas palabras es una segunda hipoteca sobre tu casa. Es un préstamo que puede funcionar como una línea de crédito (este es el HELOC) similar a una tarjeta de crédito, pero dado que esta respaldad por una hipoteca en tu casa; la tasa de interés va a ser mucho más baja que casi cualquier préstamo alternativo que puedas conseguir.

Cuando el dinero que necesitas lo vas a disponer de una sola vez al principio, se llama HELOAN, pero es la misma figura: una segunda hipoteca sobre tu casa.

A diferencia de un refinanciamiento, el HELOC y el HELOAN van a tener una tasa de interés más alta que tu primera hipoteca.

¿Y por qué querría alguien tener una segunda hipoteca? La razón más común es para no perder una tasa de interés fabulosa en la primera hipoteca de su casa. Otra razón es para no hacer los trámites necesarios de el refinanciamiento, que normalmente son un poco más extensos que un HELOC, sin embargo, la tasa de interés en un refinanciamiento es menor que hacer un HELOC, puede ser hasta la mitad.

Por estos motivos debes evaluar detenidamente que te conviene más, en muchas ocasiones, aunque pierdas una buena tasa de interés en tu hipoteca principal, al sumar los costos y los beneficios de cada opción te puede llegar a convenir un refinanciamiento aun con una tasa de interés más alta.

No te estoy diciendo que refinanciar es mejor opción, ni que es mejor. El mensaje es que debes poner todos los números de las dos opciones (refinanciar vs HELOC) en blanco y negro para poder decidir apropiadamente.

Al igual que con la compra de tu casa, al igual que con tu primera hipoteca, puedes estar tomando una decisión equivocada si basas tu decisión solamente en comparar las tasas de interés.

8. ¿Cuál es el mejor banco?

¿Y cuál es el mejor banco?

No hay un mejor banco en general. Yo personalmente tengo convenio con más de 200, porque todos ellos son diferentes; y todos los compradores somos diferentes.

También debes saber que no importa en donde esté el banco para tramitar tu préstamo y recibir el dinero. Al aprobarse tu préstamo te van a citar en una *"title company"* o casa de títulos en donde el vendedor de la casa va a entregar las llaves de tu nueva propiedad y el banco va a enviar el dinero (¡y tú también!) para completar el pago. Es decir, si te preocupa la incertidumbre de ver una oficina y como se va a cerrar el trato, a quien le vas a dar la mano y te van a dar tus llaves después de hecho tu pago, lo que tienes que preguntar no es: ¿dónde está el banco?" la pregunta debería ser: ¿Dónde está la casa de títulos?

Esto debería darte la tranquilidad y confianza que buscas cuando deseas ver cara a cara a alguien el día que compres tu casa. No necesitas acudir a una sucursal bancaria para ningún trámite. El gobierno encomienda esta labor a las casas de títulos, los bancos confían en ellas, y tú también deberías.

Yo tengo muchos años con una cuenta en mi banco, ahí seguro me van a dar preferencia. Hasta tengo una tarjeta dorada preferencial con ellos ¿Por qué debería ver con otro banco o persona?

Te voy a responder con mi propia historia, Mi banco en el cual he tenido mis cuentas por más de diez años tardaron casi ocho meses en refinanciar mi casa. Historia real. Yo no tenía urgencia ya que era un refinanciamiento donde yo quería aprovechar las bajas tasas de interés históricas de aquel entonces, nunca me llamaron para actualizarme sobre mi caso, tuve yo que estar detrás de ellos preguntando, insistiendo, esperando en la línea a que alguien me atendiera. Ocho meses.

Me corrieron y cobraron dos veces el reporte de crédito pues habían pasado más de tres meses desde que ellos mismos lo corrieron por primera vez. Ni siquiera tuvieron la delicadeza de descontarme ese segundo cargo, es más, nadie me dijo nunca que me lo iban a cobrar. Da la impresión que es "gratis". Pero nada es gratis, te lo cobran, aunque no te lo digan.

Podrías tener un millón de dólares con ellos, eso no cambia nada. Ese gran banco en quien has confiado tu dinero por tantos años igualmente te puede RECHAZAR un préstamo si su sistema (tal vez ni siquiera una persona) considera que no calificas. Esos mismos bancos donde tengo mis cuentas me ha denegado tarjetas de crédito que ellos mismos me ofrecen en primer lugar.

Todo es mercadotecnia y ventas. Si haces una solicitud de préstamo en línea incluso te pueden enviar una preaprobación o precalificación automática en segundos, parece demasiado bueno para ser verdad. Lo es. Su truco es el prefijo "pre".

Pre-calificado y pre-aprobado no es lo mismo que APROBADO o CALIFICADO.

Nadie te va a dar (ningún banco, ninguna institución, nadie) una calificación definitiva, total e irrevocable en segundos. Es solo un gancho para entusiasmarte. Te sientes especial, te sientes privilegiado, apreciado, casi flotando. Es mercadotecnia y ventas.

Como ya dije, tardaron casi ocho meses, pero al final aprobaron mi préstamo y hasta la fecha aún lo tengo. Las cosas como son.

¿Si no es con mi banco, entonces quién podrá ayudarme?

Puedes buscar en www.brokersarebetter.com un oficial o gerente de préstamo en tu zona, o preguntar con algún conocido o familiar cercano si te pueden recomendar alguien con quien hayan tenido una experiencia positiva.

Pero si no tienes a quien preguntar, también me puedes contactar, yo podría recomendarte a alguien o probablemente atender yo mismo tu caso.

El principal beneficio de trabajar tu préstamo con un oficial de préstamo independiente es que, a diferencia de los bancos, va a tener muchas opciones para ti y si por una situación determinada no calificas con una institución puede tener muchas otras propuestas para ti.

Un banco tradicional tiene de una a tres opciones, y si no calificas simplemente te niegan el préstamo y prácticamente perdiste todo tu trabajo. Pero si en cambio trabajas con un oficial de préstamo independiente, ese oficial toma tus datos una sola vez y los puede presentar en múltiples instituciones hasta encontrar la más conveniente y económica para ti; siempre con la confidencialidad y las mismas regulaciones federales y estatales que gobiernan los procesos de todos los bancos.

Yo normalmente tengo de dos a tres propuestas de préstamo diferentes para un mismo cliente o familia, antes de siquiera presentar su caso ante alguna financiera. Esto no sucede si vas a un banco.

¿Me conviene más hacer mi préstamo con un banco grande?

Conozco clientes que han tenido que esperar hasta seis u ocho meses para completar un refinanciamiento con "su banco" solo porque creemos que por tener una cuenta (a veces una GRAN cuenta) en tal o cual banco de prestigio, nos van a tratar de forma preferencial. Lamentablemente las hipotecas no funcionan así.

Un proceso de refinanciamiento tarda en promedio 30 días con una persona independiente que no trabaje para un gran banco. Casi siempre tendrás el mejor servicio con un oficial o gerente de préstamo independiente ya que no tienen una larga cadena jerárquica a la cual pedir autorizaciones, y muchos trabajamos todos los días y a cualquier hora.

Típicamente el oficial de préstamo independiente tiene una mayor preparación que uno que trabaje para un banco, ya que el Gobierno de los Estados Unidos es mucho más exigente en otorgar una licencia de hipotecas a alguien que trabaja independiente.

Quien hace créditos de forma independiente realmente debe demostrar a través de rigurosos exámenes y auditorias que se tiene el conocimiento y la calidad moral para realizar préstamos hipotecarios a los compradores de propiedades en el país.

Por otro lado, el personal de los grandes bancos no requiere ser un experto, ya que los grandes bancos solo requieren cumplir las reglas como entidad, aunque tengan miles de empleados que no las conozcan completamente. Adicionalmente a lo anterior, debido a que las solicitudes de préstamo bajaron conforme las tasas de interés subieron en el 2023, los grandes bancos redujeron su personal (y su negocio hipotecario) para hacer frente a la falta de préstamos; con lo cual también cada vez su servicio en el ramo hipotecario se puede ver afectado y sus clientes tendrían que esperar más para poder recibir sus préstamos.

Yo no soy empleado, ¿cuál banco me conviene?

Hay opciones para ti. Yo he tenido clientes independientes que tienen grandes cuentas en un banco de renombre y con esta "ventaja" se han acercado a solicitar un préstamo para comprar su casa... y se los han negado.

Los grandes bancos tienen reglas de préstamo muy estrictas, eso es bueno pues tienen que cuidar el dinero de sus clientes. Pero hay personas independientes sin recibos de pago, o que por diferentes motivos declaran muy poca ganancia o incluso pérdidas en sus impuestos.

Para un oficial o gerente de préstamos independiente es relativamente fácil conseguir un préstamo si eres independiente, si declaras un ingreso muy bajo o declaras ganancias nulas ya que tenemos acceso a bancos exclusivos y préstamos que los grandes bancos no ofrecen.

¿Cuánto necesito para el depósito de compra?

Aquí es importante hacer una diferencia: El depósito que realizas al colocar una oferta de compra y es aceptada, comúnmente ronda el uno por ciento del valor de la compra, principalmente sirve para dar seriedad a tu oferta. Ten mucho cuidado de nunca colocar un depósito inicial mayor. Hay compradores que para indicar su seriedad en la oferta o por cualquier otro motivo colocan hasta un 30% de depósito (en casas nuevas es muy común que te piden cantidades grandes como un 20%, por ejemplo); con lo cual, si la entrega de la casa se atrasa, por ejemplo, en propiedades nuevas, pueden tener tu dinero "parado" a veces hasta por más de un año; dinero que bien podrías tenerlo en una chequera o inversión, generándote ingreso.

Algunas compañías o constructoras publican que puedes apartar con algo así como 500 dólares, mil dólares o alguna cantidad pequeña similar. Esto sería el depósito. Normalmente vas a tener que pensar (y conseguir) en el pago inicial o enganche a pagar el día del cierre de tu compra. Este pago inicial o enganche que tendrás que pagar al recibir las llaves de la casa es un concepto diferente.

¿Y entonces cuánto necesito de pago inicial para comprar mi casa?

Existe la idea errónea que un 20%. La verdad es que ningún préstamo para compradores de su primera casa te pide el 20% si tienes una residencia legal en el país. Solo las constructoras de casas nuevas a veces piden este monto. En términos generales el pago inicial mínimo requerido normal es desde 3% y hasta 10%

Hay programas de apoyo con los cuales puedes comprar con 0% de pago inicial, pero requieren trámites y algunos costos adicionales; y un vendedor puede preferir otras ofertas donde el comprador coloque algo de su bolsillo. Así que a menos que no tengas opción, comprar con 0% de pago inicial no te lo recomiendo como comprador pues, aunque suena tentador, tiene sus desventajas. Recuerda que en la economía de mercado nada es gratis.

Si la casa que estas comprando es una inversión el monto de pago inicial estará entre un 30% y un 10% más costos de cierre.

Para compradores sin residencia legal (que tengan un numero ITIN o de seguridad social SSN), el pago inicial o enganche promedio va del 10% al 20%, dependiendo de las condiciones del mercado.

La mayoría de nosotros compramos nuestra casa con un 3% o 3.5% de pago inicial, de tal forma que, si al aceptar tu oferta de compra hiciste un depósito del 1%, cuando cierres el trato y recibas las llaves de la casa pagarías el otro 2% más costos de cierre.

¿Qué son los costos de cierre?

Adicionalmente al pago inicial, comprar una casa conlleva otros desembolsos que en conjunto llamamos costos de cierre ("closing costs", en inglés) y en términos generales incluyen el seguro de daños por el primer año, inspección y avalúo de la casa, impuestos, escrituración, reportes de crédito, intereses prepagados, puntos de descuento (los misteriosos "discount points"), apertura y análisis de crédito ("loan origination" y "underwriting") y apertura de una cuenta de depósito con dinero para usarlo después en seguro e impuestos de la casa ("escrow account").

Todos en su conjunto representan de un 2% a un 5% aproximadamente del valor de compra de la casa. Este porcentaje no es un valor fijo o negociable, solo es una aproximación para que pongas una cifra en tu mente.

Esto es super importante que lo tengas claro ya que cuando estés analizando tus opciones para elegir al banco o persona que va a hacer tu hipoteca muy probablemente hagas la pregunta: "¿Cuánto es de costos de cierre?" Te pueden responder lo siguiente:

a) Un tres por ciento.

b) Un cinto por ciento

c) De un dos a un seis por ciento.

d) Hasta un seis por ciento.

e) Depende.

¿Cuál elegirías? Yo te voy a decir. Todas las respuestas son correctas. Especialmente la e. ¿De qué debe depende tu elección? No del monto que te digan o calculen de costos de cierre.

Recuerda: es solo una aproximación. Es un estimado. La mayoría de los costos de cierre no dependen del banco y no los controla el banco. Así que no bases tu decisión con base en esta respuesta. No es financieramente inteligente.

Mas delante los veremos a detalle, si prefieres saber más a fondo sobre estos costos de cierre puedes brincarte a la sección correspondiente.

¿Cuál banco tiene los costos de cierre más bajos?

¡Pregunta del millón! Ninguno. Los bancos, uniones de crédito, bróker, prestamistas, ninguno controla *tus* costos de cierre. Sin embargo, cuando te entregan un presupuesto para la compra de tu casa todos ellos, por ley, van a ESTIMAR estos costos. Esto te puede poner en desventaja si para elegir con quien quieres hacer tu préstamo eliges al que te presupuesta los menores costos. ¿Como es esto posible? Como ya dijimos, son solo costos estimados y es posible que ese banco o persona que ha colocado cantidades menores te hace creer (tal vez sin querer) que vas a gastar/pagar menos cuando la realidad es que no.

Si recibes dos o tres presupuestos de préstamo (el *Loan Estimate* que comentamos anteriormente), habrá uno de ellos que estará más apegado a la realidad en cuanto a los números reales, pero en este momento no sabes cual. ¡Puede ser cualquiera! El más alto, por ejemplo. Si quieres comparar los costos que SI controla cada banco entonces observa los costos en la sección A y B que mostramos en la primera imagen de este escrito. Esos NO son estimados, esos son REALES. Son los que te cobra cada banco por hacerte el préstamo y pueden incluir apertura de crédito (loan origination), puntos de descuento (discount points), análisis de crédito (underwriting), procesamiento (processing fee), compensación del originador (bróker fee), reporte de crédito (credit report fee). Estos cobros en la sección A y B si son comparables. Pero OJO, tu análisis de costos no termina aquí, ya que modifican tu costo anual total, o APR.

¿Por qué el seguro de la casa es más alto en un banco, pero los impuestos son más bajos?

Esta es una de muchas combinaciones posibles que puedes encontrar en tu presupuesto de préstamo (*loan estimate*) y te puedes quebrar la cabeza sin motivo. Si estas comparando dos los números van a variar. Puedes compararlos por concepto, por sección, por totales y cualquiera que sea la comparación te puede llevar a una mala decisión. ¿Como puedo decir esto si ni siquiera puedo ver lo que estás viendo tú en esos documentos? Porque a excepción de la sección A de tu presupuesto de préstamo, todos los conceptos son estimados, el seguro, los impuestos, el interés prepagado, los depósitos para la cuenta de garantía (*escrow*). Así que si te pones a comparar cualquier concepto más allá de la sección A estarás perdiendo tu tiempo. Incluso los montos en la sección A van a variar al final si tu tasa de interés no esta contratada, lo cual sucede en la mayoría de los casos.

Particularmente para realizar este análisis es muy importante que lo hagas de la mano de tu asesor hipotecario. No lo hagas solo. Busca quien te ayude.

¿Qué es APR?

El interés anual total, costo anual total o *Annual Percentage Rate* lo puedes encontrar en la página tres de tu presupuesto de préstamo o *Loan Estimate*. Aquí puedes comparar con mayor precisión los presupuestos que tienes en tus manos. Por ejemplo, un presupuesto te muestra una tasa de interés de 5% sin costos de Análisis de crédito. Otro te muestra una tasa de 4.85% con un costo de análisis de $1500; ambos documentos te van a mostrar un APR de 5% en la página tres.

Este es un ejemplo simplificado, pero es así como funciona. La página 3 es la que te da la tasa de interés anual de ambas cotizaciones sumando todos los costos que a veces te ocultan. Ahora puedes darte una idea por que la tasa de interés no es tan ilustrativa como pensamos. La Tasa de interés no es tan importante como el APR. Pero APR tampoco es el costo final.

¿Entonces cuál es el costo final de mi compra?

Si quieres hacer un análisis a detalle de cuánto te va a costar cada opción muy probablemente te va a requerir una hoja de cálculo como Excel y colocar todos los costos de cierre; que al final del día son aproximados, ya no hablemos de la cuenta de depósito en garantía (*escrow account*, en inglés). Esta cuenta puede hacer parecer una opción más cara de lo que en realidad es. Si esta cuenta es mayor al principio, vas a tener un ahorro mayor para el primer año con tu casa.

Adicionalmente, vas a terminar liquidando tu préstamo o refinanciándolo por otro diferente en una fecha que el día de hoy desconoces y eso va a modificar también el costo final de tu compra.

Hay tantas piezas en movimiento en la compra de una casa que por más que hagas números y le des vuelta casi nunca vas a poder calcular con precisión cuanto te va a costar la casa al final de cierto plazo.

En este punto quisiera darte una opinión muy personal e importante: no te enfoques demasiado en el costo. Cuida el costo, pero enfócate en el beneficio, esto te ayudara bastante a disfrutar tu compra en lugar de sufrirla. Enmarca este párrafo en rojo o con un resaltador fluorescente para que no lo olvides.

¿Qué es la *escrow account* o cuenta de garantía?

La cuenta de depósito en garantía, o *escrow account,* rara vez es mencionada durante tu proceso de compra. Si es mayor al cierre de tu préstamo vas a pagar más al principio, pero esto te va a beneficiar en un año o antes. Esta cuenta es un "ahorro" que depositan el día del cierre de tu compra a nombre tuyo y ese dinero lo vas a usar después, generalmente para pagar el seguro de daños y los impuestos de tu nueva casa el año próximo. Vas a recibir un documento llamado CD (closing disclosure) y si buscas la sección G se llama "initial Escrow Payments at closing". Estos montos son un ahorro para ti, ese dinero lo vas a "recuperar" la próxima vez que te toque pagar, como ya dijimos, el seguro y los impuestos de tu nueva casa. Si en este CD ves que esta sección G tiene un total, digamos de 3 mil dólares, tu estas comenzando tu nuevo préstamo con un ahorro/saldo en tu cuenta escrow de 3 mil dólares. El año próximo, cuando te toque pagar el seguro de tu casa esos tres mil dólares estarán listos para ser usados.

Entonces la cuenta escrow y el depósito inicial que haces en ella es bueno para ti. No tiene un costo, cada centavo que le depositas es íntegramente usado para el pago posterior de impuestos y seguro. Si te parece que "te están cobrando" demasiado por tu cierre, busca esta sección en tu CD y si el dinero que te están cobrando "de más" está en esta cuenta, no tienes nada que temer. Ese dinero es tuyo y lo estas pagando hoy para tu propio beneficio después. Este monto lo vas a ver reflejado desde el primer estado de cuenta de tu nueva hipoteca. Es algo bueno. El gerente de hipotecas que ha preparado ese documento para ti está pensando en tu bien, ese monto mayor no le beneficia a nadie más que a ti.

¿Puedo conseguir un préstamo donde todas las opciones y conceptos de cobro sean mejores para mí?

Esto es posible, pero son tantos elementos que forman parte de tu compra que sería muy desgastante intentar obtener todas las ventajas al momento de la compra. Para algunos puede ser muy importante el menor enganche o pago inicial, pero para otros puede ser irrelevante. Casi sin excepción queremos la menor tasa de interés, pero también hay que vigilar los costos de cierre (sobre todo en casas nuevas): costo por apertura del préstamo, procesamiento, análisis, documentos, inspección final, cierre, envío, notario, búsqueda, registro, cuota del constructor, inspección de pestes, capital de trabajo para la asociación de propietarios, cuota inicial de administración (hasta 12 meses por anticipado).

Esta gran cantidad de costos de cierre mayormente aplica para casas nuevas y te puede pasar desapercibida si te ofrecen apoyo para costos de cierre. Es parte de su truco, te hacen todos estos cargos por un total de casi veinte mil dólares (por ejemplo) y al mismo tiempo te dicen que te van a "regalar", "aportar" o dar "incentivos" por veinte mil dólares para costos de cierre. Interesante.

En las casas usadas hay algunos costos importantes que también quieres vigilar como el costo por seguros de daños de la casa, los impuestos (varía según la casa que elijas) y el costo por administración (en ingles Home Owners Association, HOA) puede llegar a duplicar tu pago.

Por ejemplo, el pago de capital e intereses podría ser mil dólares y tu costo por administración 1,200 dólares. Estas cifras pueden sonar ridículamente exageradas para ti, pero no debes bajar la guardia. La compra de tu casa es mucho más que tasa de interés.

Yo personalmente cuando voy a comprar una propiedad para mí, pongo todo mi esfuerzo en lograr el cierre y una vez que tengo las llaves en mi mano continúo haciendo los ahorros por varios años.

La forma de elegir el préstamo más adecuado para mi es con el gerente de préstamos que yo me entienda mejor. Que tenga una forma de pensar parecida a la mía, que pueda hablar abiertamente con él o ella mis planes, mis temores, mis inquietudes en el negocio.

Tu gerente de hipotecas es como tu abogado, como tu doctor. Debe ser alguien en que puedas confiar plenamente porque sabes que está de tu lado y va a trabajar siempre en tu beneficio.

Yo tengo actualmente convenio con más de doscientos bancos en Estados Unidos y no puedo pensar en uno de ellos que yo mismo usaría para todos mis negocios hipotecarios personales.

Dependiendo del préstamo que necesito puedo empezar a pensar en dos o tres bancos e ir eliminando las opciones conforme se va afinando el negocio.

Lo que no cambia es los gerentes de hipotecas en los que yo confío. Para cualquier tipo de negocio hipotecario que realice voy a buscar siempre al mismo o los mismos.

Si te das cuenta en los criterios para elegir no incluyo la tasa de interés ni los costos de cierre. Las personas con quienes hago mis negocios son en quienes yo confío y con quienes yo quiero trabajar. En ocasiones puede suceder que el experto con quien yo trabaje se cambie de compañía y muy probablemente yo me cambiaría con él.

Hasta el día de hoy nada supera al poder trabajar con alguien que sea conocedor y experto en su área, y que además sea alguien honesto, trabajador y que me trate bien.

Antes del cierre cuido que la tasa de interés y los puntos de descuento sean algo que me agrade (ambos, no puedes ver solamente la tasa por separado); y que el resto de las cuotas a pagar sean razonables (hasta dos mil dólares en total para comisiones y cuotas es normal).

Si la propiedad viene con un pago (y compromiso) por administración (HOA) debes considerar no solo el pago mensual: esas propiedades vienen con una lista de cosas que debes y NO debes hacer en tu propia casa. Es obligatorio. Por eso yo no soy fan de las asociaciones de propietarios (HOA).

Si tú o tu familia están pensando hacer modificaciones futuras a su casa (desde el color de la pintura); un conjunto residencial con asociación o HOA puede no ser la mejor decisión para ustedes. Cada asociación de propietarios o HOA es diferente.

9. Hay préstamos si no tengo Social, empleo, taxes, ¿etc.?

Hay una gran cantidad de préstamos para muchos tipos de propiedades y personas. Por nombrar algunos:

Convencional	FHA	VA
USDA	No FICO FHA	No FICO (VA e ITIN)
DPA	203K	Jumbo y Jumbo VA
High Balance	Segunda casa	HELOC/HELOAN
Piggy Back	A 40 años	Solo intereses
Todo en uno	BK & FC	Manufacturadas
FTHB	Inversionistas	Extranjeros
Non-Warrantable Condo	ITIN	DACA
Construcción de un cierre	Renovación	Revertida
Dinero duro	fix and flip	DSCR
Comercial	para iglesias	Estado de cuenta
Para terrenos	Granja o rancho	casa móvil y préstamo sin ingresos.

Si estabas pensando que solo había convencional y FHA creo que se te ha abierto un poco el panorama el día de hoy.

Yo no tengo social, ¿puedo conseguir un préstamo para comprar una casa?

Si, pero con algunos requisitos adicionales. Se llama préstamo ITIN, porque usa este número en lugar del SSN para calificar tu préstamo. Como probablemente ya sepas o imagines, no con un gran banco de renombre. Aquí es importante que te asesores con un oficial de préstamo con conocimiento y experiencia en estos préstamos para personas sin *Social Security Number* (también llamado social o seguro).

Para poder completar un préstamo hipotecario donde los compradores no cuentan con social se requiere no solo experiencia sino conocimientos profundos en temas de migración, finanzas, contabilidad y derecho; y que además domine todos estos temas en español e inglés para que pueda explicarte apropiadamente cada tema, lo cual no es fácil encontrar en un asesor.

Ese asesor no solo debe ser conocedor de todos estos temas sino además tener poder de convencimiento y capacidad de negociar y comunicarse profesionalmente en inglés, ya que muchos de los empleados en los bancos TAMPOCO tienen experiencia y conocimiento en el préstamo ITIN y tu gerente de préstamos muchas veces tiene la gran tarea de educar a los empleados sobre los pormenores de este préstamo ITIN. Así que tienes una gran tarea en encontrar ese experto que te ayude. Este préstamo es una de mis especialidades.

¿Cuáles son los requisitos adicionales para comprar a crédito

cuando no tengo social?

Si vives en Estados Unidos lo primero es tramitar un numero ITIN ante el IRS. Este es un tema aparte por sí solo, puedes ver más información en el sitio Número de Identificación Personal del Contribuyente (ITIN) | Internal Revenue Service (irs.gov) Para efectos de crédito, el numero ITIN es equivalente al Social, es decir, cuando llenes un formulario de crédito vas a dar tu número ITIN cada vez que te pregunten por tu número de social.

Para efectos de crédito son equivalentes. Los números de ITIN siempre comienzan con 9, un dato curioso que poca gente conoce. La estructura y dígitos es la misma que de un SSN, a excepción del 9 al principio, se ven iguales.

¿Yo no declaro todos mis ingresos, puedo conseguir un préstamo?

Cuando no declaras todos tus ingresos (puede haber muchas de razones para ello) en tus formularios de impuestos, es muy probable que no califiques para uno de los prestamos más conocidos. Pero eso no significa que no puedes tener acceso a un préstamo.

El no contar con declaraciones de ingresos nos lleva a una de las opciones alternativas para comprobar tus ingresos. Algunas de las más comunes son a través de estados de cuenta bancarios (desde 3 hasta 24 meses, dependiendo del tipo de préstamo que tu gerente de hipotecas te recomiende después de ver tu caso), con estado de pérdidas y ganancias (P&L por sus siglas en inglés), con ingresos manifestados o una combinación de las anteriores.

La estrategia y documentación que se va a requerir para determinar tus ingresos va a depender de los requerimientos del préstamo que estés solicitando y tus mejores posibilidades de ser aprobado.

No te preocupes demasiado por entender los pormenores o decidir cual quieres tomar, lo importante es que sepas que hay cientos de opciones (leíste bien: cientos) para ti si es tu caso que no tienes forma de comprobar tus ingresos con una declaración de impuestos.

Aquí es muy importante que recuerdes que los prestamos NON-QM (como el que aplica para ti en este caso) te van a exigir que a cambio de no tener uno de los tres elementos del préstamo (crédito, capacidad de pago y capital) debes estar más fuerte en los otros dos, comparado con un comprador que cuenta con los mínimos requeridos en cada uno de los tres.

En este caso estamos hablando que tú no tienes los comprobantes de ingreso suficientes en tu declaración de impuestos, por lo tanto, para calificar debes tener un buen crédito (en general arriba de 640 puntos sin récords negativos) y en general al menos 10% para el pago inicial o enganche.

Tal vez en este momento estés pensando que lo que estoy diciendo no tiene sentido o es mentira porque ya has preguntado en tu banco y te dijeron que no.

¡Tienes que cambiar tu forma de pensar!

¡Tienes que cambiar tu forma de ver las cosas!

Recuerda lo que decía Henry Ford: si crees que se puede, o si crees que no se puede, estas en lo cierto.

Si has escuchado que no se puede, o te han dicho a ti personalmente en tu banco que no se puede, tienes que seguir buscando.

Yo personalmente tengo convenio con más de 200 instituciones de crédito en Estados Unidos y por ello tengo opciones casi para cualquier situación.

Tampoco hago milagros, lo tengo que decir, esa no es la especialidad de los financieros o los gerentes de hipotecas.

Pero si te contactas con un gerente de préstamos que también tenga preparación profesional en finanzas, aspectos legales y negociaciones; tus probabilidades de éxito pueden ser mucho mayores que si simplemente vas a la sucursal más cercana de tu banco a preguntar.

Tus probabilidades de éxito si vas a preguntar al banco de la esquina o si le preguntas a un vendedor de casas son mucho menores que si te contactas con un profesional especializado en hipotecas.

Piénsalo un poco: ¿cuál es la probabilidad de que un vendedor de casas o un funcionario de tu sucursal bancaria tenga el conocimiento en finanzas, legal, negociación, administración y temas migratorios de un experto que se dedica 100% de su tiempo y tiene una carrera profesional y una licencia oficial y personal del gobierno para hacer hipotecas?

Por eso no me canso de recomendarte que acudas a un profesional independiente en hipotecas para obtener el mejor servicio. No te cuesta un solo dólar más que si vas a tu banco de la esquina, pero tienes mucho que ganar.

Recomendación final (¿o inicial?)

La compra de tu primera casa en Estados Unidos es posiblemente la compra más grande e importante de tu vida. Por eso también puede ser aterradora.

Todo mundo va a tener una opinión al respecto cuando se trata de aconsejarte y recomendarte lo que debes (y más aún, lo que no debes) hacer.

Muchas de las personas que te van a dar su opinión han comprado una casa, y eso a cualquiera nos hace sentir expertos. Aquí empieza tu tarea, ya que debes aprender a separar rápidamente lo que puedes usar de esos consejos y lo que no.

Tú has decidido comprar una casa y por eso estas leyendo esto. Te voy a decir lo primero que NO te va a servir de todo eso que escuchas: Lo que te haga desconfiar de tu decisión, lo que te haga sentir inseguro o insegura, lo que te haga dudar, lo negativo.

Las historias de terror que alguien te cuenta te aseguro no son la norma. Sobre todo, si compras a crédito, la cantidad de pasos que tienes que dar, los documentos, las inspecciones; las personas involucradas. Es difícil que tu compra salga mal al final.

Con esto no te estoy diciendo que será fácil. En muchos casos no es fácil. Pero si sigues las recomendaciones de los profesionales en sus áreas (no de tu primo el que se compró su casa hace tres años) no tienes nada que temer.

Recuerda que debes separar las recomendaciones de negocios que recibas del agente de bienes raíces (*realtor*, en inglés) y las de tu gerente de hipotecas.

El agente de bienes raíces, aquel que te ayude a conseguir la casa; te podrá dar la mejor asesoría acerca de las ciudades, barrios y colonias donde desees comprar la casa.

Recomendaciones sobre la estructura de la casa, la negociación del precio y explicaciones sobre el contrato de compra-venta que vas a firmar para formalizar la oferta de la casa. El depósito de los anticipos, las visitas a las casas, reparaciones y negociaciones necesarias con el vendedor de la casa y su agente. Todas estas son áreas donde tu agente de bienes raíces te debe ayudar y lo hará con gusto.

Por otro lado, no cometas el error de pedirle asesoría sobre los elementos del préstamo, las condiciones del préstamo, cambios en el préstamo, plazos de préstamo, tasas de interés del préstamo.

Espero hayas descubierto el truco para saber a quién preguntarle que: si tu pregunta lleva la palabra "préstamo", esa pregunta no la debes hacer al agente vendedor.

Este es un error muy común que pasa todo el tiempo ya que el agente muy probablemente te va a dar su mejor opinión, y dado que ha hecho otros negocios anteriormente se puede llegar a pensar (y él o ella pueden llegar a pensar) que tienen autoridad para dar una recomendación válida. En la mayoría de los casos no va a ser así.

Es como pedirle recomendaciones de nutrición a un oftalmólogo: ambos son expertos en sus áreas, pero no conocen los detalles de la especialidad del otro, y ese conocimiento limitado que tienen al ser ambos médicos te pueden llevar a cometer errores terribles si te dejas llevar por opiniones o recomendaciones de una persona que no es especializada en el área. En este caso en hipotecas.

Tampoco sufras el proceso, no sufras los números. Puede que no seas experto en finanzas, tal vez ni de lejos. Piensa dos cosas: si tienes el dinero que necesitas para dar el pago que necesitas para cerrar la compra, y si ganas o ganan lo suficiente para hacer el pago mensual, no temas.

También recuerda que las hipotecas residenciales en Estados Unidos son vigiladas muy de cerca por autoridades gubernamentales, y los sistemas automatizados no permiten que se te otorgue una hipoteca que no puedas pagar.

Si entregas toda tu información veraz y completa pueden estar tranquilos de que su préstamo ha sido aprobado porque pueden pagarlo.

Habrá quienes te cuenten historias terribles que sucedieron hace más de diez años. Mucho ha cambiado desde entonces, entre otras cosas varias leyes y reglas que ahora no permiten que muchas cosas del pasado se repitan.

Si tú personalmente viviste una experiencia desagradable antes del 2012 debes saber que las leyes y las reglas han cambiado mucho desde entonces.

A diferencia de lo que muchos piensan, lo más importante para hacer una buena compra es una actitud mental positiva. Actitud de investigación, de curiosidad, de aprendizaje, de apertura al cambio.

Lo más importante no es la tasa de interés, ni el mercado, ni las noticias de bienes raíces, ni las predicciones de los expertos.

El mercado de las casas, como todos los demás, como la vida, como la Tierra que gira bajo tus pies: nunca se detiene.

Tal vez hayas escuchado que grandes fortunas se hacen en momentos de crisis, porque los valientes hacen lo contrario de quienes se dejan llevar por las corrientes, por las tendencias, por las modas, por las noticias de mercado que rara vez (o nunca) aplican a los individuos.

Así es: las estadísticas no funcionan para las personas. Por eso en el peor mercado (según digan en la calle) puedes conseguir la mejor casa y hacer la mejor compra *para ti.* A ti no te interesa que el mercado suba o baje, o que los rumores digan una cosa o la otra.

Tú quieres comprar tu casa. Tú quieres cumplir un sueño para ti y para tu familia.

No permitas que nada te detenga. La vida solo es una. La vida es hoy.

Nunca te detengas.

AGRADECIMIENTO

Quise dejar para el final los agradecimientos porque es importante que siempre tengamos presente ser agradecidos.

Yo agradezco a mi madre haberme permitido tener una educación y enseñarme a buscar siempre ser mejor.

Agradezco a mi esposa ser una compañera de estudio en este breve camino de aprendizaje llamado vida.

Agradezco que hayas tenido la paciencia y el empuje de haber llegado hasta este punto. Es uno de los primeros pasos que te van a ayudar a lograr hacer esta compra tal vez muy anhelada.

Agradezco a mi yo del ayer haber tomado la decisión mental y la templanza emocional para haber comprado mi primera casa hace algunos años y después el haberme convertido en inversionista en bienes raíces.

No se trata de tener el dinero, ni de estar en el mercado correcto, ni de comprar con la tasa de interés más baja. Comprar tu casa, sea la primera o la quinta; es una lucha interna, es una prueba personal que debemos luchar con valor, con una mentalidad positiva, con la claridad de nuestro objetivo y con la mente siempre puesta en lo que estamos buscando, lo que estamos logrando: un patrimonio para ti, para tu presente, tu futuro y el de tus hijos.

Alberto Garcia

NMLS #2123144

Youtube @AlbertHomeloans

Contacto WhatsApp

954-300-9661